驀然回首，看見本性了嗎？

禪和尚 本性 著

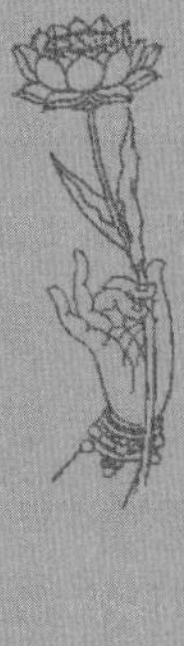

【目錄】

看見自己的「本性」（序）

游祥洲

禪和尚本性法師一系列正體字版的禪語錄，即將出版，這是我們這些愛好禪智慧者的福氣。一看這個系列的名稱，叫做《開心見本性》，馬上就心生歡喜！

佛教以「四聖諦」為佛陀的根本思想，而第一個聖諦就是「苦諦」，也就是如實面對人世間一切的苦難，這些苦難，沒有固定的形式，也沒有人知道什麼時候結束，更可憐的是，從古到今，那麼多的世代，那麼多不同的族群，大家都苦過了，也都苦夠了，但有誰告訴你，苦的意義是什麼？

佛陀非常理性地分析了「苦」的種種緣起，這就是「集諦」。而解消這一切苦難，是有方法的，這就開展了以八正道為核心的「道諦」。依「道」而修，其所成就的沒有煩惱的生命境界，就是「滅諦」。多數人一接觸到佛教「四聖諦」的思想，通常心情是愁苦的，雖然相信「滅苦有道」，但總是高興不起來。

現在我們的禪和尚本性法師，一位在南傳上座部國家留學了五年的中國和尚，回到華人的土地上，卻唱起「開心見本性」的調子來，這讓我想像到一個畫面，小牧童騎在牛背上，雖然踩過爛泥巴，踩過碎石堆，卻依然快樂地唱著自己的歌，在那個當下，沒有爛泥巴，也沒有碎石堆，只有一顆全然活在本性之中的心！

人間的苦，不可避免，重要的是，保持快樂自在的心，而這顆心，就是我們的「本性」，或者，比較嚴肅的說法，就是我們的「佛性」。「看見本性」，可以說是看見禪和尚「本性」這個人，更重要的是，通過他的禪語錄，每個人都能夠在生活當中，開開心心地看見自己的「本性」。

「開心見本性」這句話，看似簡單，卻是禪和尚本性法師以他圓融的智慧來貫通南傳佛教「四聖諦」以及北傳佛教臨濟禪的現代化思想結晶。

二〇一三年十月二日，禪和尚本性法師應世界佛教聯誼會（World Fellowship of Buddhists）之邀，在「世界佛教曼谷大會」上演講，題目為〈人間佛教，南北融合——論全球佛教可續性發展的新機遇〉，深受與會世界各國佛教領袖的肯定。禪和尚本性法師不但積極投入人間佛教的佛行事業，而且致力於南北佛教思想的高度融和。這的確是全球化未來發展的主流方向。

半座人生（代序）

禪和尚 本性

有一次，佛陀在說法。演說中，他見大弟子迦葉於人群中聽講，便停了下來，與迦葉打招呼，叫迦葉到他身邊，他還挪了座凳之一半請迦葉上座。迦葉堅辭，但佛陀還是請他坐，並請之為眾說法，此即佛陀分座迦葉的故事。分座也叫半座，比喻前輩請晚輩弘法，也比喻恭請者禮賢下士，予受請者與自己同等的地位，該公案載在《雜阿含經》中。在《法華經》中，也有類似公案，講的是多寶如來分半座予釋迦佛的事。佛陀曾經受前賢半座，自己又分半座後輩，說明了佛陀重視弘法，希望重視弘法的傳統代代相傳。

佛陀教化的一生就是弘法的一生，從初轉法輪到囑咐遺教，浩如煙海的三藏十二部經典❶，由此而出。可以說，佛教有今天，除了修證的功德之外，重要的是千百年來，有歷代高僧大德踏著佛陀的神聖足跡，不斷弘法。

弘法的意義，在於使佛法之脈綿延不絕，在於使眾生的慧命不斷得到解救。法脈不絕，便是正法久住。救人一命勝造七級浮屠，何況救人慧命。

「眾生慧命，繫汝一人。汝若不為，罪在汝身。」

衲本性，作為僧團之一員，承前賢加被，有幸常得半座，很是感恩，當不會忘記自己的身份及義務與責任。但祈因緣常俱足，成就畢生弘法願。期望與四眾同仁共同精進，眾志成城。

在中國，關於弘法，有許多有趣的傳說，如：生公說法，頑石點頭；神光說法，天花亂墜。而佛教，更有許多有趣的經典故事，內容包括：人生非人生的、生老病死的、愛情婚姻家庭的、學業事業的、為人處世的、倫理道德的、文學藝術的、哲學宗教的……種類之齊全、內容之豐富，有如一部百科全書，有興趣的話，在聽我說的閱我寫的之外，大家還可以去查找看看，美妙著呢。

---

❶三藏：經藏（佛一生所說的法）、律藏（佛所規定的戒律）、論藏（佛弟子讀經研律的心得）。十二部（經典的體裁）：長行、重頌、授記、孤起、自說、因緣、譬喻、本事、本生、方廣、未曾有、論議。

【自己命運自己算】

中國人說：

「一飲一啄，莫非前定。」

「命裡有時終須有，命裡無時莫強求。」

「萬般皆是命，半點不由人。」

「謀事在人，成事在天。」

據此，一切有命，當聽天由命。但是，中國人又說：

「積善之家必有餘慶，積惡之家必有餘殃。」

「世上無難事，只怕有心人。」

雖然歷朝歷代不乏高僧名僧算命，但只是以之作為方便法門而已。

曾經，有太白山人說自己識天識地、知天文知地理，還擅長算命。

有次，南陽慧忠國師就問他：「請問山人，你住的太白山是雄山還是雌山呢？」

佛

對此，太白山人茫然不知所對。

慧忠禪師又在土地上寫了個「一」字，問之：「這是什麼字？」

太白山人答：「『一』字。」

慧忠禪師說：「土上加『一』，應該是『王』字。」

禪師又問：「三七共多少？」

太白山人答：「二十一。」

慧忠國師道：「是十，為何非是二十一不可呢？」

太白山人一時啞口無言，從此不敢自誇長於算命。

當時，唐代宗在旁。代宗因此高興地說：「朕有國位，不足為寶，朕有國師，國師是寶。」

因緣千變萬化，造何因緣得何果。未來果永遠是個不定數，當我們不斷地在創造著新的因緣的時候。如果一生命運早已定，那我們努力何用？我們為善何用？我們修證何用？我們的努力、為善、修證就是為了改變命運。

因此，無須算命。算過去已無意義，因為過去已經過去。算未來，未來的未來，也算不準，因為我們每時每刻的身口意作為都不斷地影響著未來的走向。

好好把握此刻，好好做好當下，才最重要。實在要算，自己算算自己的命，自己最清楚自己做了什麼，在做什麼，要做什麼，將做什麼。

別被命運拖著走，要把命運牽著走。

【自在與牽掛】

近日，讀禪詩。

無門慧開禪師詩曰：「春有百花秋有月，夏有涼風冬有雪，若無閒事掛心頭，便是人間好時節。」

蘄州法演禪師詩曰：「洞裡無雲別有天，桃花如錦柳如煙，仙家不解論冬夏，石爛松枯不記年。」

呀，好自在！真的，好羨慕。

有人會奇怪：你不也是身著僧裝，一缽千家飯，孤身萬裏行，雲山飄飄，自由自在嗎？

是啊，可是……

因為教會要運轉，寺院要修建，我們的修證、教育、文化、慈善要推進……

曾經，也因此擬從高僧傳中探尋出歷代高僧解決自在與牽掛相糾纏的智慧。由於悟性不夠，多不得要領。

四十七世五祖法演禪師

你看，高僧們，有躲進深山，不出一山一溪的。也有高僧，時常在都市人群打滾的。他們之間，到底誰更高些？

剛才，重讀藥山惟儼禪師與兩位弟子及一侍者的對話，似有所悟。

藥山見庭中之樹一榮一枯，便問弟子道吾：「那兩棵樹，榮的好，還是枯的好？」

道吾回答：「榮的好。」

他又問弟子雲岩：「那兩棵樹，榮的好，還是枯的好？」

雲岩答：「枯的好。」

他再問高姓侍者：「那兩棵樹，榮的好，還是枯的好？」

侍者答：「枯者由他枯，榮者由他榮。」

對呀，何必在意自己尚在榮中或枯中呢？隨他榮隨他枯去吧。因為，榮枯自有因緣。況且，這榮，也許就是自在；這枯，

◀藥山李翺問答圖

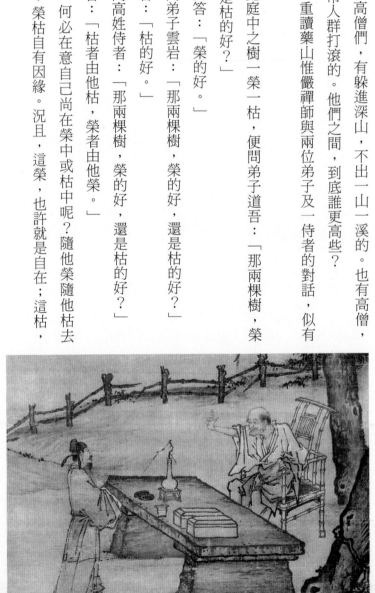

也許就是牽掛。或許，正相反。

關鍵是，榮要自然的榮，枯要自然的枯。

在禪宗，有三種境界：

第一種，見山是山，見水是水。

第二種，見山不是山，見水不是水。

第三種，見山還是山，見水還是水。

這第一種，是凡夫心態；這第二種，介於凡聖之間；這第三種，已是聖人境界了。

同理，對凡夫而言，牽掛就是牽掛，而且這牽掛還是有染不純淨的凡夫牽掛；對凡聖之間者而言，牽掛已非凡夫的牽掛，而是一種動力，儘管這動力還是有染不純淨的；對聖者而言，牽掛還是牽掛，但更非凡夫的牽掛了，那已是一種純淨無染的大慈大悲大願大行。

據此，我想，我們對自在與牽掛的糾纏或者說矛盾的解決，應在境界上下工夫，而不是在方法上謀出路。應在圓融的辯證上下工夫，而不是在機械的選擇上謀出路。

作為凡夫的我們，雖然無法置身第三種境界，但我們可以爭取在第二種裡，千萬別還身陷於第一種啊。

【忙與閑】

你請某人幫個忙，也許，他會回答你：「你沒看見我正在忙著呢？」

你請某人做件事，也許，他會回答你：「我最近很忙，等有空再說。」

我們問候時，常用：「忙吧？」或「最近很忙吧？」

很多人炫耀自己的忙，以此顯示他的能力與成功。

確實，你或許不理會忙，忙卻緊隨著你。小孩忙著玩，青年忙著學習，中年忙著事業，老人忙著對抗疾病與死亡。即使是我們，出家了，也還得忙著講經說法，建寺安僧，著書立說，慈善公益，甚至修證之外的非修證應酬。

但「忙」之一字，對大家意味著什麼？中國漢字很有意思，它幫我們回答了這個問題。

看「忙」字乃豎心與死亡的組合。忙則心死，心死則忙。意即：我們忙這忙那，忙裡忙外，忙上忙下，由此，心，紛紛擾擾，慌慌張張。

心，如此急躁，如此重負，不得不死。反之，心著於貪、嗔、癡、慢、疑等五毒，乃至眾毒攻心，如火焚燒，如湯煎熬，於此境界，不得不忙。

曾經，初為沙彌，恩師悉明上人佈置我背誦經咒，練習書法，習作文章，接待貴賓之日課。我常為此而抱怨「忙」。恩師開示我：「要忙事當閑事做，把忙事辦成閒事，要忙中得閒，忙中有閒。」我求教：「怎麼才能得到呢？」恩師答：「關乎一心，心忙則忙，心閒則閒。」

理雖如此，事難為之。修證二十多年了，恩師的「化忙為閒」的教誨，至今尚未做到。我因此經常為不得不忙於參加這開光、那剪綵、這會議、那接待而煩惱，乃至麻木。

許多人，不，幾乎所有人，每天都在忙著。沒有吃的忙吃，有吃的了，忙吃好的，吃香喝辣；吃好了，忙錢財；有錢財存了，忙存多；有財富了，忙官忙權；有官有權了，還要忙有名；有名了，想不死，忙永生。不僅如此，自己應有盡有了還不滿意，想讓兒孫也如自己，應有盡有，甚至坐享其成。因此，還得為兒孫忙著，直忙到閉眼，一命嗚呼，到頭來，如果有機會回頭看看，也不知以前都忙了些什麼！

忙，不單心死，也令身死。忙，確實讓我們疲憊不堪，身體健康狀態大受影響，結果是：早衰老，早死亡，生活的品質也遭受嚴峻的挑戰。

有極少數人，如我恩師之開示，能忙事當閒事做，把忙事辦成閒事，能忙中得閒，忙中有閒。他們入禪理，得禪味，證禪性，不被忙轉，卻能轉忙。於此，忙閒一如，忙即閒，閒即忙。忙閒自在，令我們嚮往。

「忙」若如此，那麼，何為「閒」呢？我想：還是先解決「忙」的事情吧。「忙」得以解決，自然就「閒」了，就知何為「閒」了。

【禪在生活中】

哲學上，「相對」一詞，真的很哲學。

世界，大是大，小是小。但是，大也是小，小也是大。時間，長是長，短是短。不過，長也是短，短也是長。因為，大小，長短，都是相對的。

佛經說：煩惱是菩提，菩提即煩惱。空是有，有是空。生即滅，滅即生。增即減，減即增。垢即淨，淨即垢。可見，佛陀把宇宙萬法相對的本質悟得很透，他把相對的哲學發揮到了極致。

讓我們從哲學回到現實。修證也是一樣的道理：禪是很奧妙的，很神祕的，很出世的，很彼岸的，但又是很平常的，很簡單的，很世俗的，很此岸的。

不少信眾老問我：「師父，我沒時間修禪，我沒環境修禪，怎麼辦呢？」問者言外之意，如果能像達摩那樣，有九年都不用幹活的閒置時間和不受人干擾的幽居山洞就好了。

在這些信徒眼中，禪是奧妙的，彼岸的。但是，在禪師的眼中：佛法在世間，不離世間

▶達摩面壁九年的山洞

覺。離世覓菩提，猶如尋兔角。禪是平常的，是此岸的。大珠慧海禪師講：禪人，餓就吃，困就睡，知足地吃與安心地睡就是禪。石梯禪師認為：吃、睡，就是本分事，這本分事在禪人看來，即是禪修。

永嘉玄覺禪師也說：「行亦禪，坐亦禪，語默動靜體安然。」把禪寓於行住坐臥的日常生活中。怪不得禪家有這樣的公案：有青年請求趙州從諗禪師給予禪法開示。趙州問：「你用過早飯沒有？」青年答：「用過了。」趙州問道：「那麼，把食器洗刷乾淨吧。」青年洗刷乾淨食器後，趙州又道：「把地掃一下吧。」為此，青年不高興了，他埋怨說：「除了洗碗掃地外，您就沒有禪法示我了嗎？」趙州禪師回應：「洗碗掃地外，你還要什麼禪法？還有什麼禪法？」

原來，禪就這麼簡單，這麼世俗。就在生活中、學習中、工作中、休閒中。就看我們如何啟發禪心，擁有禪態了。因此，宏智正覺禪師有詩道：「粥罷令教洗鉢盂，豁然心地自相符；而今參飽叢林客，且道其間有悟無。」

三十七世趙州從諗禪師

難怪慧能大師曾說：「外離相為禪，內不亂為定；外禪內定，是為禪定。」又說：「心平何勞持戒，行直何用修禪？恩則孝養父母，義則上下相憐。讓則尊卑和睦，忍則眾惡無喧。若能鑽木出火，淤泥定生紅蓮。苦口的是良藥，逆耳必是忠言。改過必生智慧，護短心內非賢。日用常行饒益，成道非由施錢。菩提只向心覓，何勞向外求玄。」

大師的教誨，我想，就是我要表達的意思吧。

【路，倔強延伸】

路，不在地上。

路，在心裡。

些許時前，日本等地發生強烈地震，利比亞等地發生內戰。天災人禍，人類生存，命若懸絲。

這陰影之下，自卑、無能、脆弱、渺小、失望、絕望，種種灰色情緒，氾濫社會。

人類在想，這麼無常、苦空、短暫，那麼，自己在哪？自己是誰？自己是什麼？什麼是世界規律？何為人的本質？為什麼人類這麼無法自主？為什麼關鍵時刻未見超世俗力量的拯救？

因此，人類變得煩惱、苦悶、迷惘、憂心、焦慮、不安，甚至暴力。

社會因為這樣，人們變得自私自利，倫理混亂，道德淪喪，信仰缺失，世界的運行規律被扭曲，末日心態亂象頓顯。

路，已長滿荊棘，
路，快被封死了。

每每此刻，我想到了佛陀。

其實，這不是什麼特別的事情。佛陀早就說過，這些無非就是世界的本質顯現，因緣所至。世上沒有荊棘能擋得住的路，也沒有可以封得死的路。房子再密閉，也會有入口與出口。關鍵是，要發現發掘得到自己的信心、希望、快樂、能量、淡定、平和……

既有來時的路。
就有回去的路。

人生雖自卑、無能、脆弱、渺小，但並不失望、絕望，我們可以找得到希望、祈盼的理由。人類自從開化以來，創造了偉大的文明，看那長城、金字塔、文字、史詩、宗教。人類不斷與疾病、衰老、死亡抗爭，一代又一代，由此演奏出了一場又一場震撼的樂章。這裡面，不缺雨露，不缺光明。

世界雖無常、苦空、短暫，但並不虛無，並不毀滅無跡。是的，我們會病、會老、會死，但我們生了，我們留下足跡。小時，我們交給父母，我們在父母中永生。大了，你們交給妻兒，你們在妻兒中永生。老了，我們交給僧侶，我們在僧侶中永生。死了，我們交給自己，在自己中永生。我們的一言一行，我們的精神，永恆不朽。

人類雖煩悶、苦痛、惘然，但不乏快樂、幸福、清醒的基因和潛質。佛陀早就說，我們有佛性，那是寶藏，是力量的源泉、生命的源泉、覺悟的源泉、喜悅的源泉。關鍵是，我們怎麼從灰色中昇華，從黑色中提升。如果我們能夠打破現有貪嗔癡的生命形式，那麼，我們就能重返這些源泉之眼。

社會雖自私自利，但真理並沒有失去標杆，如果我們願意，我們的生活、學習、工作就

可以不脫離原則的軌道，真理本身也更沒有失去，真理還是原原本本地存在著。關鍵是，要我們去彰顯真理，去為真理奉獻，甚至犧牲。我們彰顯真理，真理就給我們道路，將我們拯救。

問題不是有沒有路，崎嶇不崎嶇。
關鍵是走不走，怎麼走。

【人各有其用】

事相的差別，往往導致我們用差別的眼光、差別的思維去評判個人的用處。

我們會說，某某人大有用處，某某人一無所用。

我們的「用」觀，建立在我們自己的好惡上，這未必準確。

曾經，某位帝王好武，以為武將有用，身邊聚著一大批武士。一次，強敵使節送來一封用古文書寫的最後通牒，限期回覆。結果身邊所有人均看不懂古文，導致雙方開戰，被強敵打敗。該帝王後悔，怎麼盡養了一批武夫。

又有一位皇帝，他好文，身邊都聚著文士。一次，敵國打來，帝王急問：誰可率兵迎戰？文士們你看我，我看你，沒有應聲，眼睜睜看著都城被攻陷。該帝王後悔，怎麼盡養了一批書生。

其實，文也罷，武也罷，各有其用，皆有大用，就看如何使用，如何恰到好處地使用。

為什麼觀音菩薩有百千億化身，於其原則下，需以何身得度者，就以何身度之。因為眾

▶清丁觀鵬觀音像

生各有因緣，境況各不相同。

名貴的藥不一定可以治好病，關鍵要對症下藥。

一個人，看似很沒用，但用對了地方，用對了事，就有大用了，發揮大效果了。

大樹，合適做棟樑，支撐大樓。

小樹，適合做盆景，裝飾客廳。

基於此，對待各式人等，我們不應過於苛求他表面事相上的用處。在對待社會人士時，我們不應太功利，不應以貌、以財富、以地位、以性別、以知識等取人。我們要多點寬容，我們要多點慈悲，我們要少點分別，我們要少點求全，我們應接納三教九流。他們都是我們要度的眾生，都是我們賴以壯大的力量，都是我們前進的不絕動力。

【朝聖普陀山】

通常，人們會說，普陀山是觀音的道場，其實，觀音無處不道場。只不過普陀山與她的因緣較特殊。

《華嚴經》說：

「於此南方有山，名補怛洛迦，彼有菩薩，名觀自在……頌曰：『海上有山多聖賢，眾寶所成極清淨，華果樹林皆遍滿，泉流池沼悉具足，勇猛丈夫觀自在，為利眾生住此山，汝應往問諸功德，彼當示汝大方便。』……巖穀之中，泉流縈映，樹林蓊鬱，香草柔軟，右旋布地，觀自在菩薩於金剛石上，結跏趺坐，無量菩薩皆坐寶石，恭敬圍繞，而為宣說大慈悲法。」

這裡，講的就是普陀山。也因此，普陀山又叫洛迦山。普陀山已故方丈妙善長老，就自號補怛妙善。

在這普陀，有關觀音的傳奇事蹟很多。我最喜聞「不肯去觀音」的故事。話說日本僧人慧萼從五臺山未經許可，請得一尊觀音像，歸國途經舟山，船於蓮花洋屢遇風被阻，便於現潮音洞處泊岸。日僧想，屢遇風被阻，可能與未經許可便請走觀音像有關，便安奉觀音像於此漁民家中。此宅後人稱之為「不肯去觀音院」。該觀音像成普陀山佛教之星火，直至成為今之佛教四大名山之首。

此次，從渡船一踏上普陀山碼頭，我便直奔不肯去觀音院，至誠頂禮，至心與觀音對話，於潮音洞，獨坐憑風，心聽潮音。在這遙望浩浩滄海，偶見不遠處的波上幾許輕舟慈航，有種說不出的感動、希望與神奇。於這神奇、希望與感動中，願去願來，願生願滅之外，了一緣，結一緣，就如當年的慧萼，闢一門，開一門，迎一程，送一

▶普陀山碼頭牌坊

程，有心栽花花不開，無心插柳柳成蔭。不肯去的觀音，終蔚然成觀音之海，蓮花之洋。

接著，我上到佛頂山。這應是普陀的最高處。那裡，有碑曰：佛頂頂佛。我想，是否還可釋意為：佛頂山山頂佛。有慧濟禪寺，是普陀三大寺之一。在這，登記了一堂許願還願結緣了緣的佛事，隨早課普佛，祈福我的至親至友們恒安永順，恒順永安。

於佛頂山，看四周，滿眼是海，是島，海中的船，島上的寺。世人謂普陀山是海天佛國，南海聖境，四海尊崇，這即使從地理上理解，也是非常的恰當。從外山門進入慧濟禪寺，經一條幽徑，長長的，細細的，樹夾兩邊，路樸石古，不時可見哪方信士，三步一拜，旁若無人，堅定向前。

在此之後，我到南海觀音聖像處。總高三十三公尺的南海觀音，屹立於雙峰山上，慈祥而莊嚴。我想，她應是普陀道場的象徵。千處祈求千處應，苦海常作渡人舟。一進入她的視野階前，我一下跪拜下去，禁不住淚盈雙眼。觀音菩薩，此行，我確實有求而來，我知道，慈悲而智慧的菩薩理解我的心境，明白我的苦衷，了知我的誠意，從而加持了我的信心，護佑了我的祈盼。當我跪拜下去後，我真想永遠匍匐在那兒，無須起來，那一刻那一姿勢，在菩薩的眼中與腳下，頓成永恆。

▶普陀南海觀音像

下山到碼頭時，已是夕陽滿天。上得渡船後，我在想：普陀山肩負的荷載確實太重了，滿山的人，滿路的人，滿寺的人，滿殿的人，這也說明，在這世間，滿是感恩的人，滿是苦痛的人，滿是奉獻的人，滿是煩惱的人。我知，觀音菩薩有千手千眼，有求必應，我真想成為其中的雙手或雙眼。慚愧的是，直至今天，我還奔波在碼頭與碼頭，岸與岸之間。令

我感恩的是，於這之間的渡船的慈航道上，勞頓中，我得到了許多至真至貴的提點與啟示，在向菩薩之道、佛道的行進中，幸運地有了許多難尋難覓的先機，朝前邁開了決定性的一步。

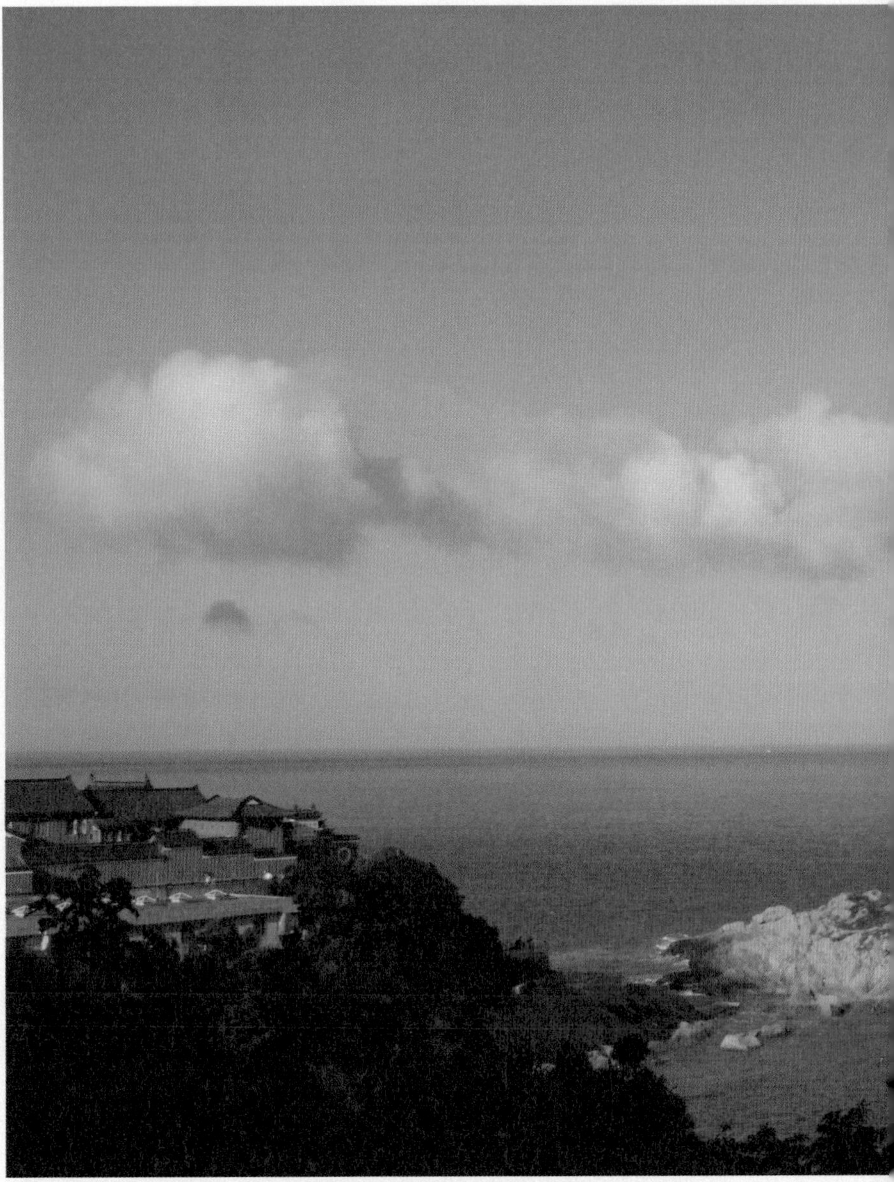

【過客旅途】

人生旅途，過客匆匆。

也不知什麼勇氣，如何的幸運，生活、生存，一晃就近半個世紀。

半個世紀，是半年、半月、半周，乃至半天。

人生過客，生命旅途。

我不相信，會有人不對此現象進行思考，只是有的認真，有的馬虎。

近日，應西雙版納同修之約，赴雲南南傳佛教區域參學。

飛機從福州到昆明，再由昆明至西雙版納。福州至昆明航程中，由於雷雨，飛機顛簸得厲害，頗為不順。其時，我在想，人把寶貴生命交給機械，真不牢靠，但也迫不得已，很是無奈。否則，如何解決旅途問題呢？

整個人生，無非就是由大大小小的旅途組合而成。我們有蹉步、散步、步行的旅途；有坐自動交通工具的旅途；有學習的旅途；有價值觀形成的旅途；有為實現人生目標而走過的種種旅途。

這旅途，許多時候，不由我們把握，就如飛機要顛簸就顛簸我們一樣，除非是專業人員，他把握住了氣候的規律，知道何時飛何時不飛，飛了該穿行哪個空域。想想，這多不易。如比之命運，要把握命運，就得知道命運運行的規律。那是什麼人？聖者！

不管是什麼旅途，其主人皆是過客。前面走過的，後面永遠重複不了，前後永遠是時空各異了。多一步旅途，人生的大限就快了一點到來。因為人生旅途是很短暫的。這不知是可怕還是可幸。我想，對善者而言，當是幸吧；對惡者而言，該是不幸了，因為，沉淪與窮途向他走得更近了。

有的人，總認為人生是他的永恆一般，尤其未經世事的年輕人，他們不知道生老病死為何事。由於沒有危機感，所以過度地揮霍人生，等到悟到人生過客的道理時，可把握的時間已不多了，空後悔。

人生短暫，旅途顛簸，一步跨過，不可回頭……人生雖如此，不過足跡還是要留下來的。這是過客人生，生命旅途的見證、印記，是我們一個結束後另一個新開始的依據。因此，這足跡的線路如何，我們還是應給予留意、關注為妥。

【內與外】

何為內？何為外？

俗語有曰：長城內外；裡外不是人；內外有別……

古時候，夫稱妻為內人，那麼，其他人當然就是外人了。

古時寺院，把僧人作為內人，自己人；把信眾或社會人士當作外人、他人，奉行內外有別規則。其依據是：傳統以來，佛門戒律是不對外的，有事，僧團內部自己處理。因為擔心信眾看多了，徒生誹謗。徒生誹謗，於僧團無益，誹謗者也因此而造惡業。

現在，時代變了，內外大環境也變了，想作內外切割已不可能，想避免誹謗也不可能。既然這樣，不如改堵為疏，順應時代，敞開自己，透明自己，給予信眾和社會人士必要的知情權，接受其監督，健康自己。

同時，要把信眾和社會人士引入寺院組織的內部來，在教務之外的事務上給予參與權，這裡面是有他們的位置的。雖然信眾進入寺院組織，會複雜化甚至汙染化僧團，但也為僧團的進化帶來了生機。

記得，雲門文偃禪師去參訪睦州道明禪師時，一腳剛進其門，門便被睦州關上。

雲門腳被夾，大叫：「痛死我了。」

睦州問：「誰喊痛？」

雲門：「老師，是我，雲門啊。」

睦州：「你在哪？」

雲門：「我在門外。」

睦州叫：「人在門外，叫什麼痛？」

雲門：「腳被關在裡面了。」

睦州：「腳在門裡，人為什麼在外面？」

雲門：「你把我分內外兩半了。」

睦州：「愚癡啊！一個人還分內外。」

雲門一聽此言，立刻有所悟。後來，還成為雲

▶雲門文偃禪師

▶睦州道明禪師

門宗的祖師。

是啊，一個人還分內外，那麼，豈能不痛？豈能不複雜？豈能不汙染？

我總認為，超常的時代，有超常的做法。改革開放的時代，有改革開放的做法。放下內外有別的自我束縛，便無人可以束縛我。無人可以束縛我，又懼什麼正法不興！畏什麼末法臨來！

【勞作通禪】

關於勞作對修行者的重要，古代高僧大德都談得很多，對此很重視。福州的長樂龍泉寺，有位百丈懷海禪師，他制定《清規》，儼然成為中國佛教的戒律。他就提倡：「一日不作，一日不食。」一日不幹活就一日不吃飯，好嚴格啊。

我們今天，偏遠山區的寺院多提倡「農禪並重」的風氣，也源於此。

其實，據永嘉玄覺禪師的思想，作為出家人，本來農禪是一脈相通的。他就說過：「行亦禪，坐亦禪，語默動靜體安然。」在此，行住坐臥，所有蘊寓於禪心的活動與勞作皆是禪的體現。勞作是禪，禪是勞作，當我們始終有一顆禪心的時候。

因此，古代大德包括佛陀本人皆熱心於勞作。許多禪師就是在勞作中開悟的，比如香嚴智閒禪師一直未能參出「什麼是父母未生前的本來面目」這一話頭，一天，提鋤頭到園中除地，鋤頭撞到瓦礫，他隨手拾起扔出，剛好碰到稍遠處的竹子上，鐺然一聲作響。智閒禪師因此「一擊忘所知，更不假修持」，開悟了。

這也告知我們，許多感悟，乃至開悟，也是從書本上無法得來的，卻能從粗糙的勞作中得到。

佛陀對勞作，身體力行，他掃地做衛生、熬藥、縫補洗刷衣物、做木工修補門楣以及侍候病比丘等。

可見，勞作也不是一件粗人或無智慧之人幹的活，而是一件體現慈悲，助人道心的法務啊。

▼在竹林中勞作的智閒禪師

【我們為什麼不快樂】

中午，我在書房外練習書法。

正投入時，忽然門外咚咚的聲音響起來，未及投眼過去，我已聽出，又是一個煩躁者，因為敲門聲是那樣急亂，沒有節奏，沒有控制。

透過玻璃，看見一位三十多歲的年輕人站在門外，我出去，帶他在樓下的小客廳裡就坐。一見我面，他就叨叨不休，說經營了一家策劃公司，最近很不順，沒生意暫且不說，剛來一點生意，還未賺到錢就與客戶起了糾紛，真是煩煩煩。他說：「師父，人生怎麼就這麼煩呢？」

我問他，怎麼想到來我這啊？他說，看了我寫的一本小冊子《如何安心》，想我能幫助他不煩，就來了。

這年輕人可真會說，說啊說啊，起碼半小時，我是聽呀聽呀，等他訴苦完了。我問他：「現在煩惱好點了吧。」他說：「看到你，又聽了你的指教，開心多了。」其實，我什麼話也沒來得及「指教」，倒先聽他「彙報」了這麼多。

見他有些平靜了，我給他講了一個汾陽善昭無德禪師與三個信徒之間發生的故事。

有一天，三個信徒愁容滿面地來見無德禪師。

禪師問：「你們為什麼活著呀？」

信徒甲：「因怕死，所以活著。」

信徒乙：「還沒兒孫滿堂，所以活著，等呀。」

信徒丙：「還有家中老小要養，所以活著。」

禪師一聽，開示道：「你們活著，是因為恐懼，因為無奈，被勉強盡義務似的，而不是為了大的責任和大的理想，怎會快樂？」

三位信徒一聽，忙問禪師，怎樣才會快樂。禪師反問他們：「你們說怎樣才會快樂呢？」

四十三世汾陽善昭禪師

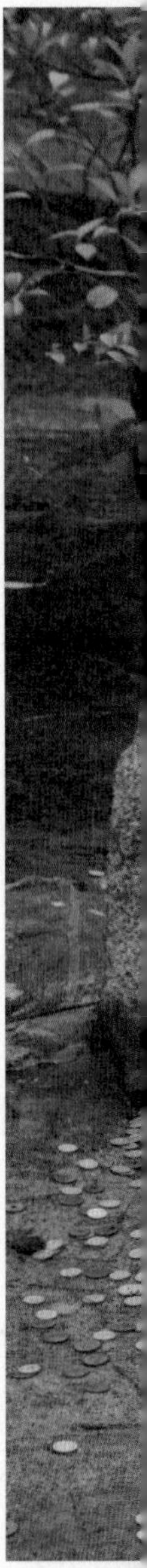

甲信徒說：「擁有金錢快樂。」

乙信徒說：「擁有愛情快樂。」

丙信徒說：「擁有名譽快樂。」

禪師聽後，告誡道：「一旦你們有了這些，更不會快樂，煩惱會隨之而來。」

那三信徒聽了，說：「那怎麼辦呢？」

無德禪師開示道：「別去擁有，要去捨棄，金錢肯佈施了才快樂，愛情肯付出了才快樂，名譽肯奉獻了才快樂。」

是呀，我們為什麼不快樂？

因為我們太在功利上下工夫，太在得失上權衡，太注重利益性的表面結果，而忘卻了過程，忘卻了潛在的收穫。如果我們做事情、看事情，有時能由裡向外看，由下向上看，由後向前看，由無向有看，由失向得看，由煩惱向快樂看……那我們，就會擁有生命的本質，獲得生活的本有的開心與愉快了。

福

【莫向外求】

走過不少寺院，山門背面多見「回頭是岸」四字。

昨天，一信士問我：師父，你寺院山門背面怎麼是「莫向外求」四字？

是啊，我知道呀，但就是要這樣啊。

回頭是岸，好，有警醒作用，但總給人感覺：我們都作惡多端、為非作歹嗎？都不肯回頭、不知回頭嗎？

當然不是，因此，不用回頭是岸，怕刺激來者。

但也不能都不用啊，這是傳統，也是慣例。想想，就改用「莫向外求」吧。

莫向外求，禪家風骨的句子也。為什麼？佛性在自身、慈悲在自身、智慧在自身、超越解脫也靠自身。所謂：靈山莫遠求，靈山只在汝心

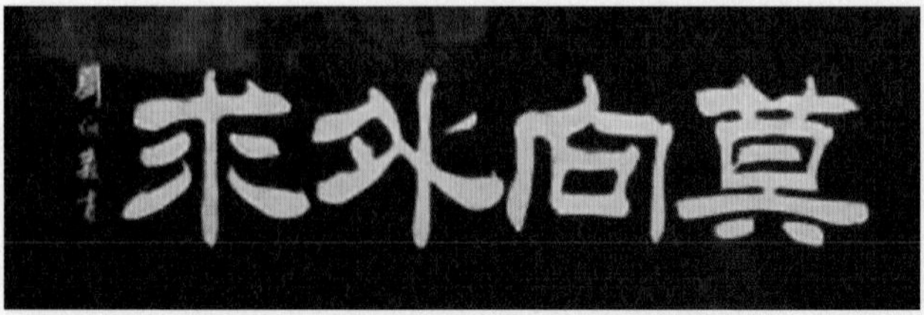

▲福州開元寺山門背面

頭，是也。想安心自在，要內求。我們禪坐，禪向何邊呢？即使禪向浩瀚無邊，也還是禪向自心的區區一隅而已。

還有，門外紅塵滾滾，何必要外求呢？何苦要外求呢？

佛早就斷言：有求皆苦。

又說：無求品自高。

在佛家，好事尚且不求，何況未必好的事呢。況且，靈山在心，心無外物，那就等同虛無，誰求虛無？虛無如何求呢？

我曾經憤怒於梁山善翼禪師，因為在我眼裡，他藐視了佛陀：人家問他幾時成佛，他竟然說人家此乃逼良為娼。後來，我又看到：人家問他為何不肯承擔，成佛這麼好的事情為何不幹？他回答說好事不如無。

好事不如無！天！何等高妙的話和理。

此時，我又敬佩起善翼禪師來了。

是呀，世界有好多好事，都給我，我消受得了嗎？

我求這求那的，有這福德嗎？

其實，無需回答這兩句，只管好好體會莫向外求四字真言即可。如果某天，我忘記了什麼，可以看看山門那四字，我應會悟點什麼。

莫向外求！

讓我們莫向外求吧！

其實，在莫向外求中，我們會無求而得，得的更多。

【易捨能捨】

佛教中有句話：「難捨能捨。」

有人解釋捨為捨棄，這很不正確。捨的是自己喜歡的東西，而棄的是自己厭惡的東西。捨是依依不捨但捨了，而棄是恨不得棄之所以棄。

佛教中有詞曰：佈施、奉獻，即是捨的最恰當注解了。

我們一談捨，許多人馬上想到：捨金錢、財物，甚至捨權利、地位、名譽……沒錯，這也是捨的內容。

但我要講的是：我們的捨，還應有慈悲、智慧，以及喜悅、微笑等等。

人的福報不同，不是每個人都具足金錢、財物、權利、地位、名譽的。但每個人都天生地擁有慈悲、智慧、喜悅、微笑……前者，是世俗的，人為的；而後者，是本具的，某種意義上，還是超世俗的，雖捨之易，但其價值比前者卻高得多。我們捨後者比前者更有意義，也更具宗教上的功德。

在經典中，就有貧者施燈、施水、施法而獲得無量福報功德的記載，這也從側面說明了這一點。

這麼說來，難捨能捨，是一種捨的實踐。而易捨能捨，更是一種捨的實踐，是人人可以易行的。

那麼，這易捨能捨的妙法之門，我們為什麼不去行之又行呢？

而且，千萬別把易捨能捨的變為易捨難捨啊！

【參禪境界】

由於在禪門打滾，說的也多是禪話，便經常有興趣者問我有關禪的問題。今天，又有信士問我：什麼是禪的境界呢？

這問題，說實在，好回答，卻口難開，筆難寫。

禪的境界，從佛陀開始，便不由聲音與文字表達。佛教說：如人飲水，冷暖自知；不可思議；不立文字；言語道斷，說的就是這意思。佛陀在靈山上拈花示眾，眾人莫名其妙，唯有首席弟子迦葉破顏微笑，佛陀因此傳給他涅槃妙心、微妙法門。這涅槃妙心、微妙法門便是禪的境界。

可見，禪境不是靠語言筆墨可以敘描出來的，須憑感悟，有賴以心印心。

話雖如此，但為了根機薄弱者領悟方便，佛陀以及禪家們還是給了我們許多方便法門，包括語言文字。這方便法門就如以船過河，船是方便，過河才是目的；就如以手指月，手是方便，見月才是目的。我們切不可執著於船與手，也就是不可執著於方便的法門——語

►佛陀拈花示眾（印度阿占達石窟壁畫）

言文字，語言文字只是你的入門。

對禪的境界，青原行思禪師有三層次說：

參禪前，看山是山，看水是水；參禪時，看山不是山，看水不是水；參禪後，看山仍是山，看水仍是水。

這是僧人參禪的境界。

俗者蘇東坡也好參禪，他的參禪三層次則是：

參禪前，「橫看成嶺側成峰，遠近高低各不同，不識廬山真面目，只緣身在此山中。」參禪時，「廬山煙雨浙江潮，未到千般恨不消，及至歸來無一事，廬山煙雨浙江潮。」參禪後，「溪聲盡是廣長舌，山色無非清淨身，夜來八萬四千偈，他日如何舉似人。」

歷代僧俗有許多參禪的感悟，境界或高或低，皆千姿百態，異彩紛呈，興趣時看看，對我們瞭解禪境進而實踐體悟是有幫助的。

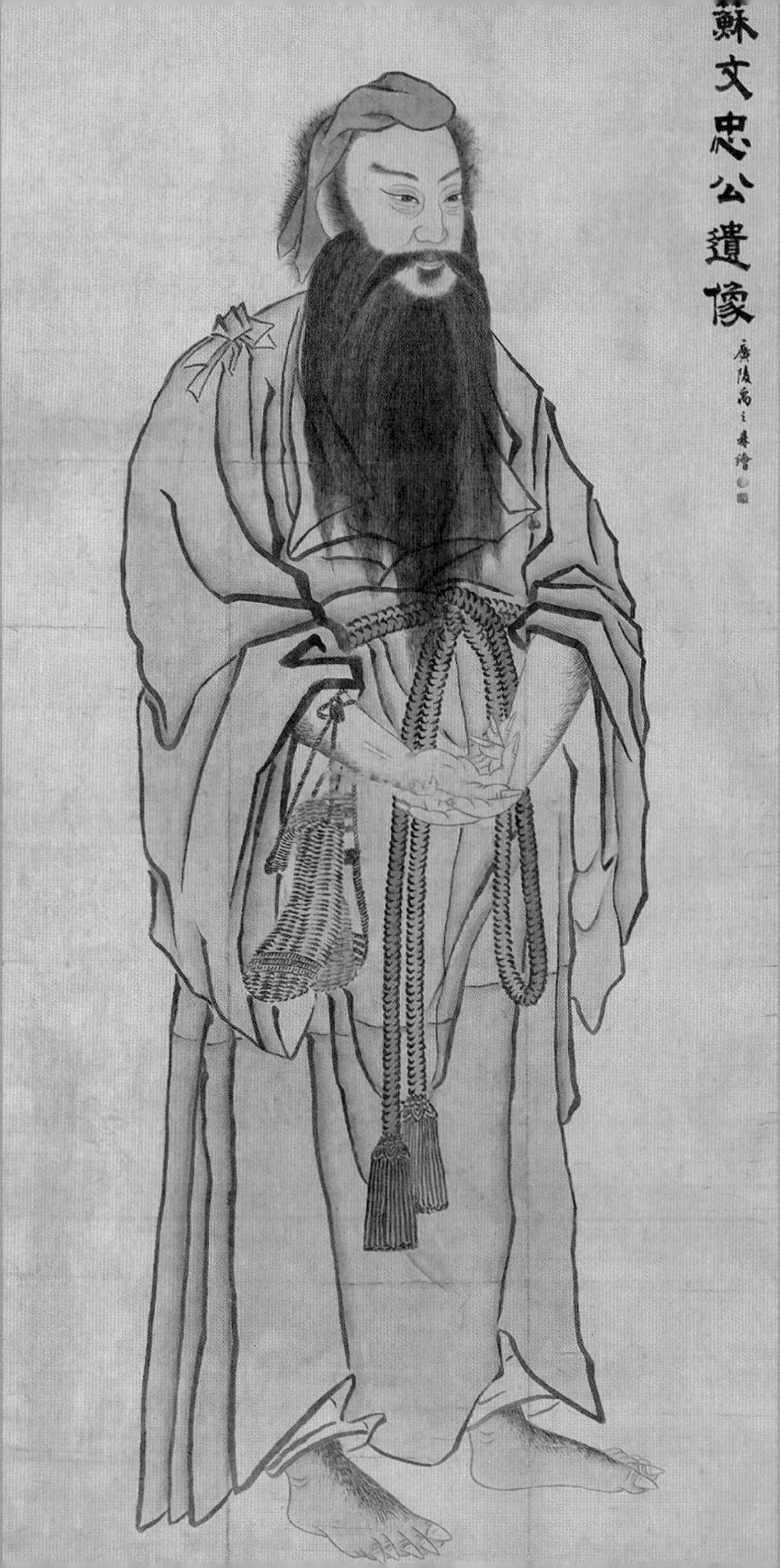

◀蘇東坡像（清代禹之鼎）

【轉身】

數十年前，海邊之城。

一個文弱男孩，青澀臉龐，面山背海很久了。一天，也許山水的啟示，他作出抉擇：決然轉身——面海背山。

他，試著要遊向大海，泛舟大洋。

他的家姐，擔心的表情：這怎麼行！

他的家兄，懷疑的表情：你行嗎？

他的家父，焦急的表情：怎麼辦？

他的家母……

無論家庭如何反應，他已經決然轉身，隨之而來的是：風急雨驟、駭浪驚濤。

時間會改變一切，意志會戰勝一切。

多少年後，展現在他面前的是：有時雲卷，有時雲舒，有時花開，有時花落，直至今天。

此時，他正站在大洋中的一個小島上，腳下是堅固的礁岩，前景是壯闊的天空，水是碧藍的，空氣是新鮮的。鷗鳥悠飛，舟帆點點，絲縷遊雲，以及若隱若現的潮聲。

他遠眺著曾經來時的方向，那城邊的海，海邊的城，城邊的山。

他在懷想，那山上的草，枯了嗎？枯了又青了嗎？那山上的樹，長大了嗎？長大被砍掉了嗎？那山上的藤，曾經那麼彎曲，直了嗎？還纏人嗎？山上的霧，是否還那麼遮人眼，難道不會有清晰透明的那一天嗎？那山，是否已經變為滄海桑田，無處登高了？

他似乎聽到了那山傳來的葉笛和牧歌，花開的聲音與小鳥的鳴唱，以及親人們的呼吸韻響和心跳的呼喚。

他知道，凡如此刻，他都會茫然：他還該遊向何處？他還當泛向何方？

他常想，地球是橢圓的。這意謂著，人以常規的方式，永遠走不出地球。人只是地球上的一個點。人的活動隨著時間與生命的推移，前進或者後退，雖走向不同、弧度不同，但都只是一條動或不動的線而已。這條線畫在土地上，自負者說是路，悲觀者說是障礙。

他的那條線，既不可能是路，也不會是障礙，他自己知道那是什麼！

因此，面對沉淪，為了提升；面對束縛，為了超越，他不得不省思：背山面海很久了，是否，應該再一次作出抉擇：決然轉身——背海面山。

【信人如信己】

儒家說：人之初，性本善。

佛陀證悟的原理之一便是：人人有佛性，人人當成佛。

這佛性沒有染汙，乃原本善良的人性。

基於人性本善，我始終相信人，相信人如相信自己。儘管有人失信於我，有人失信於社會，有人失信於天下，但我始終還是相信人，相信人的本質。

人性本善的人類，違背人性規律而為惡，自有外部力量的誘因，在他了知與不了知的情況下產生與完成。站在同為人的高度，宜給予寬恕、諒解，給予指出，幫助懺悔。並以之自警、自醒，引以為戒。這是慈悲與博愛的展現、彰顯。

盜賊曾以刀尖逼住禪坐的七裏禪師，禪師對盜賊說：「錢在抽屜裡，自己拿，別打擾我禪坐。」盜賊要把抽屜中錢全拿走，禪師說：「多少給我留一點，我有用。」盜賊真的給留了一些。盜賊要出門時，禪師說：「拿了我的錢，至少應說聲謝謝。」沒好氣的盜賊玩笑地說了聲：「謝謝。」自以為當日出盜很順利、很幸運的這名慣盜，沒想到一出門不遠，便被官差抓住了。盜賊供出搶了七裏禪師的錢。官差取證禪師，禪師說：「沒有呀，錢是我給他的，他已謝過我了。」官差只能把盜賊放了。感激萬分的盜賊因此人性回歸、善心發現，請求禪師收其為徒，拜師門下。

以前，明君李世民曾一日大赦三百九十名死囚免死。事情緣由是這樣的：朝廷大獄的

◀唐太宗李世民

三百九十名死囚向朝廷提出一個人性的請求，想在行刑前回家與父母妻兒作最後一聚。唐太宗李世民向來慎死刑，得此要求，他作出一個驚人的決定。這決定拷問著人性到底是善與惡的答案。他的決定是：同意三百九十名死囚不受任何監督地在家與親人團聚九個月的時光，但在九個月後的貞觀八年九月初四日前，必須自行返回朝廷大獄受刑。對此決定，不少朝臣表示了不同意見，包括戶部尚書兼大理寺卿戴胄。他們認為，這批罪大惡極的人一旦放出，豈有自行返回伏法的可能？但李世民還是堅持己見。

結果如李世民所願，九個月後，這批死囚無一例外地按時自行返回朝廷大獄。有感於此，李世民向這三百九十名死囚頒佈了免死特赦令。死囚們敢作敢當，不失信於人性本善的至理，回頭是岸，獲得重生。而李世民堅信人性本善，從而發掘誘發出了其中的閃光，創造了考驗人性善惡的奇蹟。

如何待人，要不要信人如信己。古人與佛法的智慧教會我們要三思而行、行而三思啊。

【煩惱與菩提】

佛門有句話：金屑雖貴，在眼亦翳。

而相反——

有人曾問曹山本寂禪師：「世間什麼最貴？」

本寂答：「死貓的頭。」

人問為何，曹山說，因為從沒有人給之定過價錢。

事情確是這樣，貴的未必真貴，賤的未必真賤。舉一反三，大用的未必真大用，小用的未必真小用；成功的未必真成功，失敗的未必真失敗；得便宜的未必真得便宜，吃虧的未必真吃虧；快樂的未必真快樂，憂愁的未必真憂愁……

關鍵是：我們看待問題的角度，對待問題的態度。

就以苦樂來說——

玄奘大師以當高僧為樂，推辭了宰相之位。而慧琳大師以高僧之身，兼作宰相，樂此不

三十九世曹山本寂禪師

彼，號稱黑衣宰相。

有人曾讓馬祖道一選官，他卻偏偏去選佛，而後，成就一代宗師。

有次，洞山良價問徒弟：「世間什麼最苦？」

徒弟：「地獄最苦。」

洞山說：「不對。」

徒弟請求開示，洞山告訴他：「穿著僧衣，不明了大事，這樣最苦。」

佛教常說：煩惱即菩提。反之，菩提弄不好也就成了煩惱。

趙州從諗禪師對此很有體會，也很有辦法，他握明珠於手，黑來顯黑，白來顯白，能把一根草當佛的丈六金身使，也能把丈六金身的佛當一根草用。

因此，有人問趙州禪師：「煩惱是哪家的？」

趙州答：「大家的。」

那人問：「如何避免煩惱？」

趙州答：「幹嘛去避免？」

▲洞山渡水圖(宋代馬遠)

是啊，菩提即煩惱，煩惱即菩提，煩惱人人有之，何必去避免之。

如不避，煩惱來了，怎麼辦？還是那句話：要保有平常心啊。

當年，趙州禪師未悟時，問南泉普願禪師：「什麼是道？」

南泉答：「平常心是道。」

趙州又問：「是否有目標可循？」

南泉又答：「有目標就錯。」

趙州不明白，再問：「無目標可循，又怎麼知道呢？」

南泉再答：「得道之人，虛懷若穀，無滯無礙，無知無不知。」

◀南泉斬貓

是啊，是啊，確實如此，確實如此。菩提也罷，煩惱也罷，來也罷，去也罷，關鍵還在看待的角度，還在對待的態度。我們凡夫不明此理，只執自我，只執己見，只執己詞，必有歧見，豈不煩煩惱惱。

怪不得，雲門文偃禪師要那樣教化不開竅的禪人——

你們不可只知食人口水，記一堆廢話，擔著無數老掉牙的古董到處行腳。而且，不管驢脣馬嘴，到處誇耀自己，什麼都懂，天上懂一半，地下都知。就算你能從早說到晚又怎樣？死後閻王面前他可不會聽你說的。你們都是捨離父母、師長而出家，踏破草鞋，千里迢迢，在外面經冬歷夏的人，你們要小心，不要因為圖人一粒米而失半年糧啊。

有此禪人怎麼辦？文偃禪師的看待角度與對待態度是——

我不問你們十五月圓以前如何，只問十五以後如何。禪人不知文偃意思。文偃提醒：日日是好日。

是啊，春有百花秋有月，夏有涼風冬有雪，若無閒事掛心頭，便是人間好時節。如有一顆平常心，何愁煩惱不菩提，何愁人生不快樂。如無一顆平常心，只怕菩提也煩惱啊。

【活著沒有意思嗎？】

剛才，來了位中年人。

一進門，他就對我說：「前幾天，差點自殺掉。」

我故意問：「後來怎麼又沒自殺呢？」

他說：「公司還有許多事情未處理妥善，所以……」

我道：「那倒是，公司比生命重要。」

一聽，他似乎急了：「不對，生命比公司重要。」

我們同時笑了。

問他為何如此悲觀，他垂頭歎氣，歎道：「做事情，太煩；不做，又太無聊。」

他說：「活著沒有意思。」

我道：「對，死了，才有意思！」

他說：「死，有點恐怖。」

我道：「那就半死不活好了。」
他說：「我現在就是。」
聊了一會兒，他老打哈欠。
我笑笑：「你工作太辛苦了。」
他說：「不，是沒睡好，睡不著。」
因此，他求教有何辦法可以幫他入睡。
我道：「坐禪。」
他說：「坐不來。」
我道：「背誦《心經》或《大悲咒》。」
同時鼓勵他——好好背誦，背誦到滾瓜爛熟，背到無思無念，持續背誦中自會入睡。
他說：「方法似乎機械了點。」
我道：「能治病的就是好藥，能開門的就是鑰匙。」
我們又同時笑了。

臨別前，他似想起什麼，突然問我——身體不好，如何健身？

我建議：「可去爬爬山，鍛煉鍛煉身體。」

他說：「時間抽不出，生意重要，是大事。」

我道：「世上沒有重要的事、大的事，只有重要的人、大的人。」

他說：「那好，試試。」

我道：「身體要鍛煉，心理、思想也要鍛煉。」

他說：「首次聽說，如何鍛煉？」

我道：「你現在就是。」

【奢華與質樸】

出長差在即，昨日上街擬買個價廉質好的箱包，用來裝些參考資料、書稿、已出版的幾本拙作。

長街熱鬧、奢華。其之兩側，男女老少摩踵比肩，商店酒家鱗次櫛比。酒家內如何，雖乏於經驗，但可以想像。商店內名牌橫陳，種類齊全。何謂繁榮，此似可見也。

不過，很奇怪，我找不到我要的箱包。因為價錢之高讓我無法接受。我的現場囉嗦，我的現場嫌貴，還引得售貨小姐不高興，指教我去買個二手的塑膠編織袋，說那樣就便宜了，就符合佛教精神了。

感謝這位不知名小姐的指教。想想也是，我本不該出現在那熱鬧的街區，更不該跑到這些奢華商鋪，不符合佛教精神的是我，因為我是修行僧啊！

回到法海寺，於臥室外，一邊臨寫憨山德清禪師的書法，一邊在想：物質的極度豐富，對世界到底是壞是好？對人類到底是福是禍？

佛陀當年從極度的熱鬧與奢華，歸隱到極度的孤寂與質樸。他離棄王國，放棄王位，苦行六年，從此平淡生活一生。當他風燭殘年、一息僅存的時刻，回首一生，他想什麼？佛陀臨終前留下遺教，後人彙集成《遺教三經》。

歷代禪師算是悟透了佛陀對生活態度的奧妙，仿而效之：扁擔曉了禪師曾經一生只吃橡栗，以此為食，還要是自己拾來的；慧林宗本禪師一雙鞋子穿了二十多年，那鞋為何這麼耐穿？因為只要不是危道，他就赤腳提著鞋走。慧通清旦禪師終年一衣一褲，夜洗日穿，縫縫補補，終其一生。虛雲禪師也曾每日只用數棗，堅持禪修。但他們都很快樂，都很健康，都很積極向上，都很有成就。

很多禪師躲熱鬧、避奢華。大梅法常禪師深居山林，有權貴請他出山為官，禪師就留偈：「一池荷葉衣無盡，數樹松花食有餘。「剛被世人知住處」，他就「又移茅舍入深居」了。富上禪師偏找少人行處化緣，人勸他到人多處，他說：「我只要一兩文錢就夠維持活命了。」

想想，有機會置身熱鬧，有條件得享奢華，當是好事福事。再想想，佛陀以及那些禪師們的「去熱鬧就孤寂，離奢華入質樸」，不會沒有道理。因此，一直在熱鬧與奢華中打滾，有可能就是壞事禍事。壞在哪，禍如何，無須從歷史中找尋，現實中比比皆是。

因此，於熱鬧中、奢華中，當自警自醒，當小心注意啊！一過錯就成千古恨，要懺悔也需百年身了。

讓我們重溫寒山禪師的教誨，作為本短文的結尾吧：

急急忙忙苦追求，寒寒冷冷度春秋。
朝朝暮暮營活計，悶悶昏昏白了頭。
是是非非何日了，煩煩惱惱幾時休。
明明白白一條路，萬萬千千不肯休。

◀寒山禪師

ANN'S

【省思夢想】

因緣使然，我於南亞住了數年。我發覺，雖其春夏秋冬季節變化不明顯，但植物等亦有枯榮的交替。這提醒我們：生住異滅、陰晴圓缺、生老病死、否極泰來，諸如此類，是不可置疑的鐵定規律。

世界如此，人生一樣。

回望前塵，懂事以來，夢想多多。受老師的影響，小學時，夢想當科學家。

初中時，想當書法家，便致力於練書法。可惜，天資不慧，至今未有成就。不過，倒是培養了興趣。

高中時，由於看《詩刊》及外國的一些名家詩集，又熱愛上詩歌，想當作家了。再說，要學好書法，不能不知文學詩詞啊，於是，不務高中課程，每天課裡課外地寫詩，雖也在當地小刊小報上發表過幾首，但總是廣播種少發芽難開花更無果。

之後，便從「教」了。此「教」，其一是指教育，當了某鄉一中心小學的教師。其二是指宗教，當教師期間，接觸佛法，耳熏目染，便因成果熟，投身佛教了。此番是立志效仿祖籍霞浦的禪門溈仰宗創始人靈祐大師，與從日本泛海到來登陸霞浦赤岸的日本佛教真言宗創始人空海大師，一如他們講經說法、著書立說、建寺安僧、廣度群生，創宗立派，成就一代宗師。

自此，專心致志，先在中國佛學院棲霞山分院，次於中國佛學院，

▲靈祐（右一）踢瓶得溈山

空海

空海、讃州多度郡屏風
浦佐伯田直氏のおとり始
より才智全額二十歳に
て出家し遣唐使に隨
ひ入唐し留學あると三學
ありける時流水に儒て出る小
童五人來り漆ある書んを
とのぎむ空海あ上子持みて
書き丸もぞ垂るのも共
小龍の宮めも書り
空海のいつく伊か
右の龍を打さるや
とくく喜ると
なお人む離し作
飛去帝あれち島
ち芝ホ上りて久殊

▲ 空海大師

後至斯里蘭卡巴利語國際佛教大學，再到斯里蘭卡凱拉尼亞大學研究生院，接續修學。

回國後，服務於福建省佛協，雖經風雨，不墜其志。

一路的旅程，一路的奔波。一路的奔波，一路的激情。這一路來，雖知內斂，卻不乏強勢；身雖柔弱，心卻剛強；有時求勝，時有求贏……

佛法說，偏於真空或妙有，皆不得真知，真知至理在於真空與妙有間的中道。

人生如此，世界一樣。

絢麗燦爛，必歸於樸素無華。靜水流深，深水無喧。大風吹來，搖的是小樹，大樹之幹之根必是沉穩深紮的。

學佛二十五年，生命年輪已滾進中年的軌道，冰火歷練中，中道的至理越來越有感觸，越來越有感悟。

今天，面對翠竹黃花，溪山水色，面對暮鼓晨鐘，經韻磬聲，夢想累了，夢想倦了。

回過頭來，稍作省思：人生，何須人生額外或之外的夢想；世界，何須世界額外或之外的夢想。我們曾經的夢想，多與人生與世界本身無關。那些夢想，多非基於人生的本質與世界的規律，只是順應於社會的習俗與習氣，或對高僧祖師與弘法利生作著令人誤解的詮釋。當我們實現了這種夢想，無非只是為世界與人生增添幾抹世俗與非世俗的色彩，但永遠沒有解決其困擾的一大堆根本問題，甚至也不曾純淨其本體外化的品質。

因此，我們需要回歸。

回歸到人生的本質中去，回歸到世界的規律中去，知足地生活，寧靜地思索，平和地工作，輕鬆地休閒，淡定地慈悲愛戀，平常地修證學習，真真切切地實實在在地活在這個人生，坦坦然然地心心安安地走在這個世界。

我們將因此：昇華人生，超越世界。而佛法的精髓——禪的境界，也將真正由此不期而生，不期而證。

【死亡體驗與思考】

有生必有死。就如花之有開有謝。

我們生了，因此有了生的體驗。之於死，我們都很惘然。

有人建議試試，體驗一下。開玩笑，死不是鬧著玩的。

剛才忙完事情回寮房，端水洗臉，不知怎的，突然想起那人的建議，不禁嘗試一下——將頭臉埋入大臉盆水中，屏息，極盡可能長久。最後以嗆喝一口水收場。

看來，死亡不好受。

試想，邁向死亡的過程都那麼憋氣、難受，何況死亡本身。

那麼，又為什麼如此多人棄生就死，貪死怕生？他們為了死，可以決然拋卻名利權勢，甚至親情友情愛情……

我想，或許有比生更高貴、更有魅力的力量或緣由在召喚著他們吧！而這，斷然不是死亡本身。

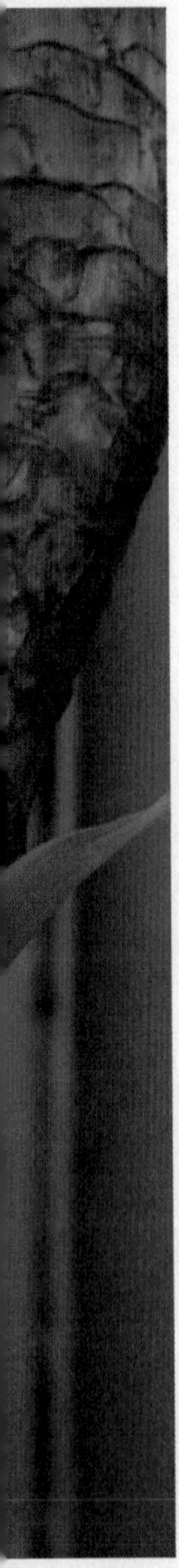

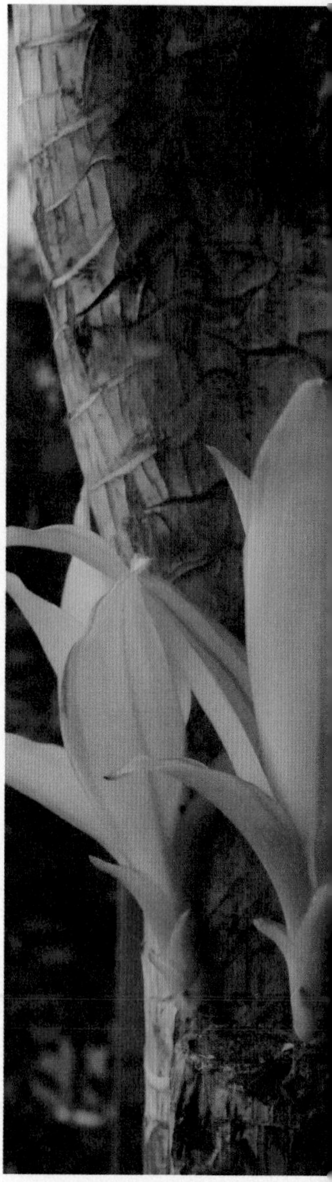

說實在，作為僧人，我從不忌諱死，也讚美死亡。因為既讚美生，為何不讚美死？

本來，生與死都是我們所有，都是我們自己的。我們一生一世，生一次死一次，生死平等，自己平等，大家平等。因此，我們有何理由去恨死亡？

儘管如此，我們的死，我想——要死得有價值，死得明白。

我們的生，有許多時候已經太輕薄、太渺小、太糊塗了，我們的死不能再如此！如何值得？如何明白？我想，時間是關鍵，時間會給出一切答案！時間會讓我們剩下的生命有機會沉思、考驗、經歷，並收穫結論。保有時間的路，我們就保有價值之死、明白之死的路。

而要保時間，只有保生存一途。

因此，為了價值，為了明白，讓我們先好好活著！先追求長壽，再接受永生——死。

【忍耐】

練習書法，常寫忍字。一為練字，二為練心，三為體悟其中至理。「耐」字似有能抗壓、有能耐的味道。二字結合，能忍才耐，有耐的人才有本事忍。因此，忍耐非一般人可為，是有能力、有涵養、有品味、有心胸的人才能做到。

古話說：「忍得苦中苦，方為人上人。」

又說：「忍一步風平浪靜，讓一步海闊天空。」

我曾在一本書中談到忍的八法。這裡，我要談的是，忍的另外兩法，即用《心經》和《金剛經》的偈子透出的玄機作為我們制忍的手段。

《金剛經》有偈曰：「一切有為法，如夢幻泡影；如露亦如電，應作如是觀。」

《心經》有偈曰：「色不異空，空不異色；色即是空，空即是色，受想行識，亦復如是。」

又偈曰：「諸法空相，不生不滅，不垢不淨，不增不減。」

破解這兩經偈要點，即無論有情物或無情物，其本質是空花水月，看有卻無。因其無，

基於此，任何狀況下的一切人情事物，無論其榮辱、沉浮、悲喜、愛恨等等，也就皆談不上什麼得失問題了。

我們無法忍耐的障礙，其實就在得失上。一旦看破、放下了得失概念，便消除了由此衍生出來的形形色色各式各樣的歧見，忍耐的堅實基礎也就建立了，安心、自在也將隨之而來，忍耐也就不成為人生重要的議題，更不會成為人生關注的問題。

一旦如此，其剩下的，無非就是一些技術性的實踐了，有如吃飯喝水，有如蓋被穿衣，就這麼平平常常、簡簡單單了。

【故鄉】

昨日，來了故鄉的同學。

匆忙間，離開故鄉二十多年，中間雖有回去，但乏有駐留，今人生步入中年，當時鄉情鄉景猶如於昨日，很是感慨。

故鄉是生養我的地方。

我總以為，靈魂是多範疇、多層次、多角度的，故鄉應是某個範疇層次角度靈魂的寄居地。

我的故鄉水秀石奇，山青海碧。

有一小片竹林環繞屋前，有一脈青山枕在房後。山上之石不乏奇巧，或獸形，或物形。行之稍許之路，有清水一潭，淨流一灣，迷你的小魚悠游水中，清晰可見，既不怕物，也不怕人。有典雅的石拱橋於淨流之上，橋頭是數株老榕樹，幹老枝繁葉茂，如榕樹下那一方神龜一樣，蒼老肅穆，歷經滄桑，又如神龜前幾枝清香，雖生命在不斷消逝，但不乏發出清香。

風朗氣清的時節，榕樹下常閒留著一些老者和小孩，老者們吹拉彈唱著民間傳統的器樂，小孩們湊著熱鬧。有時，人少的時節，不經意間，個把年輕情侶選擇了這裡幽會。小橋通向不遠的集鎮，又通向不遠的青山。

老一輩人把橋看做故鄉與鎮的分界線，把老榕樹作為故鄉世代必須尊重保護的風水樹。如無某些原因，臨命終時不出水口，所謂生離家死歸鄉。有趣的是，故鄉同學說，你雖出家，但做方丈也算是有出息了，故鄉老人們說，這也是故鄉風水好的原因，以後回鄉時，也要拜拜風水樹。老人們的心意，我聽了很感動。這些老人竟然還牽念著一個初中時期就離開故鄉到集鎮上去寄宿讀書，而以後也很少回鄉的羞怯小孩。

故鄉的稍遠方是海。平時，柔和的海風吹著，走近時，可聞海的味道，尤其海味中的海帶香、紫菜香。也有特別的時候，大海發著吼聲，轟鳴震耳，浪捲濤翻，鷗鳥驚飛，這時，大人與小孩們都急呼著：颱風來了。記得小時候，外婆對我說，有一年海泛紅潮，突如其來，捲走了一些人和物。這種紅潮多伴著颱風而來。至那以後，似乎未聽說再有這麼可怕的紅潮出現。

問到現在故鄉的情景怎樣，同學意味深長地說：「你回去住幾天看看，不就知道了嗎？」

祖屋的後山上有塊大石頭，小時候，曾經登上過，上面很平。記得當時坐在石頭上，看著有連環插圖的《三國演義》小人書。看久了，放眼前方，越過鄉間城鎮，遠方的海天相接，我就在想：如果在那盡頭悠然飛舞，倏然閃出地平線，外面一定是個更美妙、更奇異的世界。

如今，真想再一次登到故鄉的那塊石頭上……

【懺悔，從我做起……】

是凡夫，就有過患，有過患，就應該改正。改正的第一步就是懺悔。懺悔，首先是個態度問題。

有人明知自己錯了，卻不懺悔。這說明他不想改正，起碼不是主動改正。在佛教看來，要懺悔，誠懇與自覺，或者說自願是非常重要的。經典中有記敘：懺悔上品者，身體毛孔與眼睛都會出血；懺悔中品者，身體毛孔出熱汗，眼出血；懺悔下品者，身體出熱汗，眼出淚。我們懺悔或許無法達到出血，但起碼要出汗出淚。

懺悔是對自己的，是自己對自己的要求，解決的是自己的問題。人生，只要是凡夫，可以說每天都在犯著過失甚至罪惡。因此每天的懺悔是必須的。

有位作家殷謙說得好：

「懺悔不是逃避而是擔當；懺悔不是死亡而是再生；懺悔不是絕望而是希望。」

那麼，讓我們認識懺悔，勇於懺悔，在懺悔中繼續擔當，在懺悔中充滿希望，在懺悔中

愉悅再生。
懺悔，首先從我做起……

【一位信徒女兒的故事】

有位信徒，女兒十幾歲了。

據他說，女兒天生善良清純，好養花、草、蟲、魚、小貓、小狗之類。

她對被養的花草蟲魚小貓小狗，各個命名，在她房前屋後貼上標籤，掛上牌子。姓什麼，叫什麼，哪天種上的，哪天出生的，生日是何時，都寫得清清楚楚，記得清清楚楚。見面就呼姓名，並為它們舉辦生日儀式。

對花草，她每天灑水，該施肥的施肥，細心照顧。在她的精心培護下，花草長得特別好。某天，她的一株花枯了、萎了，她很傷心，哭了，為之掛上親手做的紙白花，為之土葬，還為之設了個小牌位於花園。她的家長朋友，在她的影響下，也為之動容。

據說，她還經常與花對話，講故事。高興時，誇獎花，不高興時，向花傾訴。被誇獎時，花草很精神，被傾訴時，花草很萎靡。還聽說，她聽得懂花草發出的聲音，感受得到花草發出的資訊，很是神奇。

看來，或許她本來就是一朵花，一朵花魂投生來的吧，所以才會與花這麼有緣。

對於小貓小狗，她也養得精心。她把小貓小狗一同養，食物一來時，起初貓狗爭搶著吃。她認為貓是弱者，每當食物來時，她就牽住小狗或乾脆抱住小狗，控制住牠，讓小貓先吃。久而久之，小狗習慣了，不用控制，也不與小貓搶食，等小貓食好後，牠才吃。

據說，有時雖食物在其貓狗前，她喊不能吃，小狗小貓便不敢吃，在吃之中，也會馬上停下來。

她的狗與貓在她的調教下，一到下午兩點半，就會到她門外抓門，提醒她午睡起來。她一不高興，小貓小狗就會乖乖地蹲在她前面，可憐巴巴地看著她，不敢吭聲。她一高興，牠們就追著她跟著她，搖頭擺尾，要與之玩耍。

有一次，小狗出門，被人打了，她要去與那肇事小青年拚命，事情鬧得很大。最後，那家的家長來道歉才了事。她因此侍候了小狗好久，請醫生為之看傷敷藥。

幾年前，小狗去世了，她很難過，一天不吃飯，還到某寺為之做了一場法會，給予超度，希望小狗能不沉淪，希望小狗能轉生為人，甚至希望小狗能往生西方。

動物有心，植物有情。將心比心，將情比情。同為此心，同為此情。這，才是慈悲啊。

【活在當下・活好當下】

佛教有語：

過去的過去，未來的未來，現在的現在。

過去，已成水中月、鏡裡花，不可抓。未來，尚是蛋中鵝，能否變鵝，何時變鵝，一無所知。現在，只有現在才可看可感、可抓可握，具具體體、實實在在。因此，佛陀啟示我們：要把握現在。

把握現在，就是要求我們活在當下，活好當下。

當下是現實生活，或許充滿荊棘，或許充滿鮮花。或笑談，或泣訴。或沉海底，或浮天空。無論如何，都在當下，屬於此刻的我們。

早年習過書法，海外深造佛學時，就停了練習。當時想，回國後再加油，但一去五六載，回國時，都快不知如何執毛筆了。那五六年，如能堅持，相信書法也就稍有水準了，何至今天如此。這就是不抓住當下，不活好當下的遺憾與悲哀啊。

在日本，有位親鸞禪師，他真是很有慧根，小時候就特有性格。我們如參看他的著作《歎異抄》，就會發現他的思想非常創新。他的出家故事也相當傳奇——

年方九歲的親鸞請求慈鎮禪師為其剃度。

禪師問之：「你這麼小，如何出家？」

親鸞答：「年雖九歲，父母雙亡。我不知人為何會亡，不知父母為何非得離開我，我要出家探究這些道理。」

禪師一聽，心裡暗中高興，認為此犢可教，來年必成法門龍象。

禪師說：「今天已遲，明日給你剃度吧。」

諸位，你想親鸞會如何回答？

親鸞答道：「師父，我比較年幼無知，難保出家決心會延持到明天，而且，你畢竟年高

◀親鸞禪師

體衰，也難保你明早就能活著起床，還是今天現在剃度吧。」

禪師一聽，擊掌叫好：「對，現在當下就剃度！」

其實，過去的過去是由過去的當下組成，未來的未來亦由現在的當下而去。儘管未來的當下將組成未來，現在的當下更是如此——未來的根源。

因此，我們怎能忽視當下、放棄當下、枉任當下去而不回呢？

還是那句話：

過去的過去，未來的未來，現在的現在。
好好地把握現在，活在當下，活好當下。

【鐵鍊豈能鎖虛空？】

有對聯說：「淨地何須掃，空門不用關。」

古代金峰從志禪師道行很高，名聲很大。他視名聞利養為浮雲塵土，常常一入禪定便是數天，無論多麼喧囂皆不致使之出定。有些僧眾為此苦惱了，因為有事要向他及時請示啊。但禪師有個弱點，就是喜愛他的玉鉢。

一天，禪師一直處於禪定中，僧眾又有急事，為使禪師馬上出定，他們想了個辦法，取來禪師玉鉢，故意置之桌上，將之滾來滾去，發出叮噹響聲。禪師定中一聽，心中急了：愛鉢一旦滾落，不就打碎了嗎？只此一念，心便亂而出定了。

對此，禪師很懊悔。他發覺自己對玉鉢的喜愛是一種貪戀，阻礙了修道境界的進一步提升，是一種不應有的欲望。如何才能去此貪戀？他知道，要證入空相空性才行。而要如此，捨棄玉鉢是必須的。因此，他一把抓起玉鉢扔在地上，玉鉢裂碎了，金峰禪師也當下醒悟、證道。

為此，金峰禪師特地寫了一首證道偈：

若人欲拿金碧峰，除非鐵鍊鎖虛空。
虛空若能鎖得住，再來拿我金碧峰。

【尊貴的樹】

神秀說：「身是菩提樹，心如明鏡臺，時時勤拂拭，勿使惹塵埃。」

慧能說：「菩提本無樹，明鏡亦非臺，本來無一物，何處惹塵埃。」

塵世間有許多樹，名不勝數。

我從鄉間長大，我知道樹對我們意味著什麼。

我喜愛樹，純粹地熱愛樹。因為樹尊貴。尊貴的樹寓意著生態、自然、生命、生機、青春、希望、綠色……更是純淨、覺悟、神聖的象徵。

就如釋迦牟尼於其下悟道的菩提樹，即使成為化石了，我也要取之為佛珠，掛於胸前頸上，配於手腕上，撚之數之，直至隨著我的生命最後一吸一呼而同去……

◀印度菩提樹的禮拜

但是在這世間，樹並非都得到應有的對待。有許多令人感慨，促大家真誠為之忿忿不平的樹。比如，搖錢樹、搖名樹、搖權樹……

這些尊貴的樹，被沒有慧眼認識樹之高貴的人們緊緊看守著，甚至捆綁著……他們的用心不在樹，而是樹上的果實。搖樹拾果是他們真正的興趣與目的。

他們享受著樹的果實的同時，忍心隨意劃傷樹，任其流著生命之汁，甚至剝著樹的皮，讓其枯乾。

不僅如此，他們貪戀樹上果實外，竟然還貪戀在樹上覓食拉糞的鳥兒。他們知道，鳥兒是搖不下來的，但可以將鳥兒搖飛。他們也知道，鳥兒不會只顧飛，也無力只顧飛，鳥兒實際最終需要的是食物，只要有食物，鳥兒就會從離樹很遠的地方飛來找到他們。

但慘的是樹，那麼尊貴，卻無人感知。從苗到樹，多麼不易呵，幾多風雨，幾多冰霜。如今果實供摘，而樹頭卻無人朝拜，讓慈者傷痛，讓種樹的農夫扼腕。一旦滄海桑田，樹老了，枯了，果兒不再，鳥兒飛來，屆時誰來看守？就算怨著、求著、恨著他們，又能怎樣……

哎，做樹如此為難，何況為人呢？

【至道無難，唯嫌揀擇】

我們為什麼有苦樂、愛恨、生死，直至輪回？

因為我們陷於分別之中。

自然是分別的，山有高低，樹有大小，石有軟硬，河有清濁，人有賢愚。

對不同的人而言，生理是分別的；心理是分別的；知見是分別的；思想是分別的；靈魂是分別的。

同一座廬山，橫看成嶺側成峰，遠近高低各不同。

同一個人，不同時境，生理、心理、知見、思想、靈魂的狀態亦不同。

在此世間，我們絕難找到絕對相同的東西，無論是物質上或精神上。

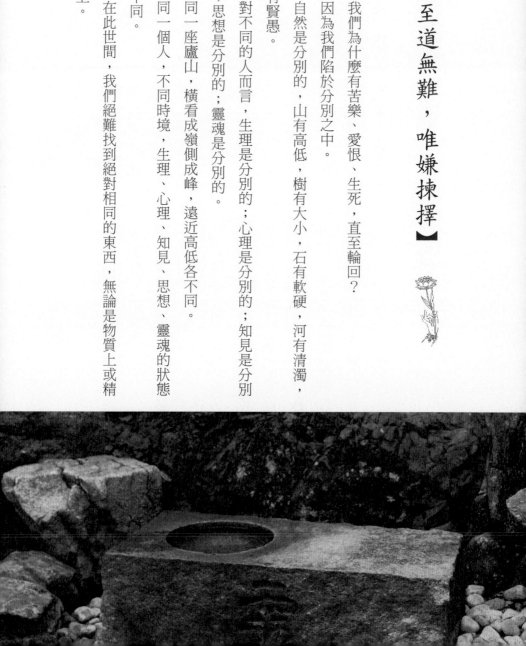

因此，世人得出結論：世界的個體各不相同，因此，分別個性是鐵律，也因此，階級、貴賤、主僕、君臣的分別是合理的、天然的。基於此，人們強調張揚個性，突出特性。

其結果是分別的加大，分別心的深重，導致矛盾的擴大、裂痕的加深、衝突的激烈、混亂的升級。

佛教告誡我們，要息滅分別心，棄絕分別行，要保存平等心，履踐平等行。起碼，要具平常心，要有平常行。

臨濟義玄禪師曾造訪達摩祖師舍利塔，塔主問：「您是先禮佛，還是先禮祖？」

臨濟答：「我之到此，不禮佛也不禮祖。」

塔主不解：「佛陀與達摩祖師與您有什麼冤仇嗎？」

臨濟答：「您為佛與祖這麼說好話，他們給您恩惠了嗎？」

塔主一聽，略有所悟。

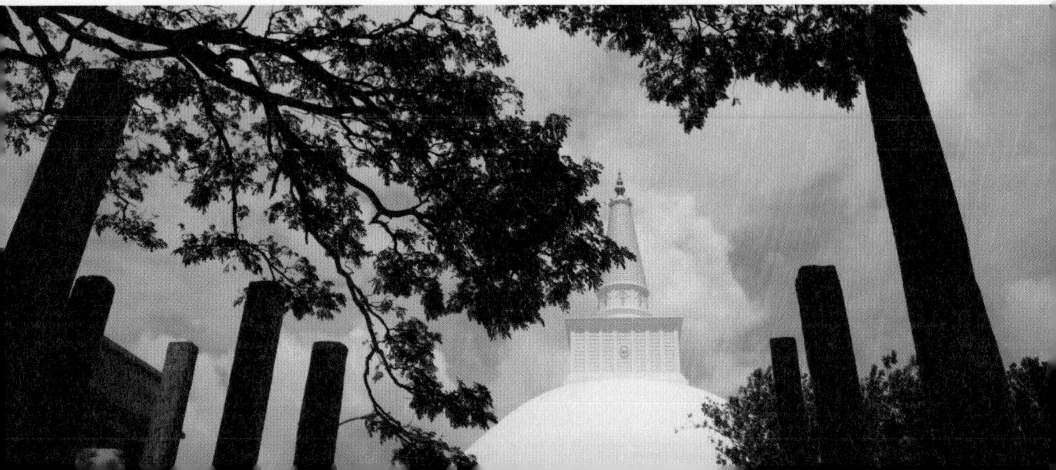

是啊，正如臨濟所言：泯滅恩仇，體證佛法平等，這才能見到佛與祖的本來面目。

如何是佛法平等呢？臨濟引用三祖僧璨《信心銘》偈句予詮解：

至道無難，唯嫌揀擇，但莫憎愛，洞然明白。

是啊，先禮佛或先禮祖都一樣，幹嘛要在心中先分個佛與祖的高低與親疏呢？

有次，神會禪師見六祖慧能。

慧能：「您從哪裡來？」

神會：「沒從哪裡來！」

慧能：「為什麼不回去？」

神會：「沒有來，談什麼回去！」

慧能提起禪杖，打他一下，他不僅不避，還高聲反問：「您坐禪時，是見還是不見？」

◀六祖慧能

慧能不應，而是以禪杖打他三下，問之：「我打您，是痛還是不痛？」

神會答說：「痛，又不痛！」

接著，慧能問神會：「痛或不痛，意義在哪？」

神會：「俗人才會因為痛而生怨恨，木頭和石頭是不會感覺痛的。」

至此，慧能開始破題了，他開示道──

「見與不見，又有什麼關係？痛與不痛，又能怎樣？問路的人，是因不知去路，如果知了，還用問嗎？」

有分別，非佛法啊。

【放下與擔取】

因緣，決定了真空的本質。為此，要放下。

因緣，決定了妙有的現象。為此，要擔取。

嚴陽尊者曾問趙州禪師：「一物不將來時，如何？」

趙州答：「放下著。」

嚴陽尊者又問：「既是一物不將來，放下個什麼？」

趙州又答：「放不下，擔取去。」

◀嚴陽尊者

放下，便大自在，便大解脫。擔取，便大願心，便大行力。有人放不下，更不肯擔取。有人擔取了，卻放不下。

我總以為，放下是好境界，擔取也是好境界。但只有放下了，才會真正擔取。只有真正擔取了，才算放下。放不下的擔取，是有染的、勉強的、世俗的，無非是有為法、方便法而矣。

人們曾評價唐三藏大師：「言無名利，行絕虛浮。」大師這就是放下，所以他就擔取了。寧向西天一寸死，不退東土一寸生。一心取經譯經，成就千秋浩瀚人天偉業。

▲唐玄奘西天取經

地藏菩薩有豪言壯行——「我不入地獄，誰入地獄。」其徹底放下了，所以徹底擔取之。此時，他已沒有了自己，決絕了自己的苦難。只有眾生，眾生之苦。

其實，在這些聖者之前，放下就是擔取，擔取就是放下。其非一非異，渾然一體，也為其所為，自由自在。

之於凡夫，放下或擔取並不容易隨心隨意做到，而是要隨因隨緣的。沒有無因緣的放下，也沒有無因緣的擔取。

因此，當我們面臨或要自覺主動作出放下或擔取的抉擇時，我們不妨先尋測探究一下：是緣來緣去，緣生緣滅，緣聚緣散，緣顯緣隱，緣順緣逆，緣合緣分，緣有緣無……

世界是因緣的，人生是因緣的，因因不盡，緣緣不息。凡夫的我們，創造因緣的同時，只有隨順因緣，才是符合真理，符合規律。

◀地藏菩薩像（十四世紀高麗）

【恐懼什麼】

月前，本寺一位修行者往生了。

有位小法師來寺掛單。住數日後，他惶恐地跑來找我，戰戰兢兢地問我能否為之換個房間。我說，是不是因為房間的生活學習設施不齊全？如是這樣，我交代監院為您配上。他急促促地說：「不是，不是。」是這間房間剛死了人。我一聽，笑了：原來如此。

小法師怕誰？難道，活人還怕死人嗎？

我問他：「您怕什麼？」

他說：「怕鬼。」

我說：「修行者去世是脫離六道，甚至往生西方，哪裡還會做鬼？」

他說：「反正，就是感覺怕。」

這令我想起一件事：

三十九世雲居道膺禪師

當年，雲居道膺禪師每於夜深，便要到深山老林的洞穴中禪坐。由於鄉民傳言洞穴附近常鬧鬼，有些年輕人便故意要捉弄他。

有次，禪師夜詣洞穴，行走林中時，突然一隻手從樹上伸下來，按扣在雲居禪師的頭上。禪師因此立著不動，但一點也不驚恐的樣子。這反而把年輕人嚇了一跳，忙將手縮回去，禪師若無其事地繼續走他的夜路。

第二天，有年輕人故意問禪師：「聽說您坐禪的地方常鬧鬼，鬼還會按人的頭。」

禪師說：「按頭倒是真的，但不是鬼，鬼哪有那麼溫暖的手啊。」

有人就問禪師為什麼不怕鬼。禪師就說：「臨陣不懼，將軍之勇；遇虎狼不懼，獵人之勇；入水不懼，漁人之勇；法師之勇是什麼？不懼生死啊。」

是啊，生死都要超脫了，還懼生死？生死都不懼了，還懼什麼鬼？

再說，鬼找我們又怎樣？作為佛法僧的弟子，難道鬼還能勝過佛法僧不成？

因此，不要怕鬼，更不要自心生自鬼。

何況古人還說過「不做虧心事，不怕鬼敲門」，難道我們做了虧心事嗎？

【避天災與絕人禍】

三一一對人類而言，是黑暗的一天，而對日本人來說，更是漆黑。當日地震、海嘯、核洩漏；地裂、山崩、樓倒、房塌、澤國、火海、爆炸、核輻射；鳥墜、魚死、人亡；哀歎、悲泣、痛哭。

災難突發後，日本天皇明仁於三月十六日發表講話：「苦難的日子也許還會很長，但是我們不要放棄希望，希望大家保重身體，為了明天，好好活著。」而東京都知事石原慎太郎於三月十四日則發出了「天譴」論：「私欲已成日本人的身份標誌。美國人的身份認同是自由，法國是自由、平等、博愛。日本什麼都沒有，只有私欲、物欲、金錢欲、性欲。日本的政治充滿私欲，只顧迎合大眾。有必要利用此次地震海嘯，將日本人常年積累的私欲汙垢全部沖洗。這是日本的天譴，受災民眾很可憐，日本應該以此為契機進行深刻反省。」石原此人歷來好發奇談怪論，不足為責。但其怪論太缺慈悲，令人遺憾，猶當此際，不可原諒。

三一一的地震、海嘯，這是天災，自然之厄，人類對此無可奈何。不料此間，落井者被下了石，雪上被加了霜，發生了核洩漏、核輻射。

核洩漏、核輻射，這是人禍啊。

孔子有句話：「人無遠慮，必有近憂。」開發核技術，建造核電站時，我們是否想到了今天的嚴重後果？也許是想到了，但沒有重視之，或根本不想去重視之。起碼，這是一種短視行為，只為急功與近利，只為解決一時的能源緊張問題。

對此，孔子曾有教誨：「無欲速，無見小利；欲速則不達；見小利則大事不成。」是啊，急功近利，實際上是貪了小便宜而吃了大虧。退一步說，即使開發核能真有益社會進步、民眾幸福，那麼，也應遵守孔子的教誨：君子愛財，取之有道啊。資源是財，但核能之財，其蘊涵的危險性，或者說隱患，實在是太大了，與仁、與和、與進步、與幸福相去甚遠。

因此，核能的開發，無論用於軍事或用於民生，只要是一個負責任、有理智的國家或政府，皆應三思而行，適可而止。

孔子還有句話：「成事不說，遂事不諫，既往不咎。」其大意是：已經做成的事，就不必再說它了，已經做了的事就不必再勸阻了，已經過去的事就不必再追究了。那麼，尚未成的事總要說吧，尚未遂的事總要諫吧，尚未往的事總要咎吧。
晨鐘響起，願諸公努力，避天災，絕人禍。

◀孔子

【比經濟危機更可怕的是信仰危機】

從二〇〇七年到二〇〇九年，發生了環球金融危機，引發世界經濟危機。

因此，多少人驚愕，多少人悲傷，多少人絕望啊。

是啊，一朝一夕，百萬身家沒了；昨天還開賓士，今天得騎摩托車了；今天還是億萬富翁，明天破產了。這際遇誰受得了？可見金融危機與經濟危機，對多少人來說，簡直就是噩夢啊，好恐懼、好恐懼啊。

作為一個佛教徒，我要說的是：是的，金融危機或經濟危機的確可怕，但比經濟危機更可怕的是信仰危機。

二〇〇八年十二月二十二日，法國億萬富豪蒂裏．德拉維萊切特（René-Thierry Magon de La Villehuchet）割腕自盡；二〇〇九年一月五日，美國億萬富豪史蒂文．古德（Steven Good）開槍自殺，當

場斃命。幾小時後，德國億萬富豪阿道夫·默克勒（Adolf Merckle）奔向疾駛的火車，當場死亡。這三人都曾是近百億美元身價的超級大亨，他們之所以走向自殺，都是因為金融危機、經濟危機，名下財產縮水，甚至破產。

首先，我同情他們的際遇，為他們的自殺、死亡感到惋惜、難過。但我也為他們自殺死亡感到悲哀，甚至憤怒。為什麼？我以為，他們選擇自殺是不負責任的，作為這樣一個大公司的負責人，多少人的生活命運繫於其一身，他們沒有盡可能（哪怕是無望）地去做補救，而是選擇了死亡，選擇了放棄責任。我認為，從根本上說，他們不是被金融危機壓倒，而是被沒有職業道德壓倒；他們不是死於沒有經濟，而是死於沒有信仰。

道德會讓人甘於水火，救人出水火。信仰會讓人甘下地獄，救人脫地獄。於此，破產又算得了什麼？

探索此番金融危機、經濟危機的根源，雖有經濟理論的不科學、經濟管理的失策等問題，但一些壟斷金融、經濟的機構與個人，由於受利益驅使，從而無節制地索求高額利潤，他們見利忘義，使盡手段，把風險推給世界，最終也把自己給栽了進去。這與其說是缺少經濟管理經驗與沒有正確的經濟理論，不如說是缺少道德，沒有正確的信仰。如果說他們有信仰，也許就信仰金錢財富。與其說他們企業或公司破產，不如說是道德或信仰破產。沒有道德、沒有信仰，這已是人性的問題。有時候看待金融問題、經濟問題不能單從金融、經濟著眼，而要從人性、人心上去探究。

我常在想，人類社會總是因果循環著。沒有民主的時代，社會歷經一定的時段，便要發生革命。由於沒有民主，所以這種革命多是政治的、軍事的、暴力的、血腥的。歐洲如此，亞洲如此。革命發生後，財富的主人其財富地位發生了變化，因為財富被強制地進行重新分配了。

現在是民主的時代，政治、軍事的革命少有發生，但經濟、文化的革命卻越來越頻繁了。這種革命，以和平、不流血的方式進行，您願意是如此，不願意也要發生。此次金融危機、經濟危機便是如此。該危機剝奪了諸多富豪的財富，相對平民的損失而言，他們的損失多得多。該危機使平民與富豪的貧富差距因此相對縮小，使平民致富的起點相對變高、致富的競爭力相對增強。因此我認為，這場經濟危機無異於一場經濟革命。這場經濟革命的推手不是別人，正是一些唯利是圖的富人自己，正如政治、軍事革命的發生，多是因為一些為富不仁的富人逼迫窮人的結果。

金融危機、經濟危機現象的發生，也讓我們體證到佛法所說不虛。因緣的佛法總是提醒我們：人的生老病死，世界的生住異滅、無常、苦空，這是人類社會的本質。財富可以得來，也會失去。緣來則聚，緣去則散。五蘊難永恆，財富也未必長久。

佛法總是說，宇宙是因緣的、因果的、互相聯繫的，共劫共難、共榮共生。世界如網，人如其中一點，牽一點而動一網，牽一髮而動全身。因此，利人則利己，慈悲人則慈悲了自己，害人害己。用腳踢人，自己腳也受傷了。追求財富也如此，要具世界眼光，具全域胸懷，為大眾的利益兼自己的利益而考慮，努力利人利己，這樣才會符合從事相上說人人相對平等、世界相對公平的正義原則。

此次金融危機、經濟危機的發生，社會、人心引起震盪。因此有人歡喜有人愁。歡喜者，在看別人笑話，以別人的困苦悲傷為樂，這種人要去學修慈悲觀。而愁者，他不知無常的道理，沒有打破對財富的執著，沒有學會以平常心看待這一切的沉浮起伏，沒有領悟到人非物的奴隸而乃物的主人這一道理。

其實，財富的失去也未必就是失去，好事與壞事往往是辯證的。昔日塞翁失馬焉知非福，何況此次的金融危機、經濟危機呢？許多時候，既是挑戰又是機遇。如果沒有危機，哪裡來的時機呢？亂世往往可以出英雄，經濟低迷才是經濟能手的用武之地。由於這場危機，才會促進對經濟理論、經濟管理的反思與糾正。何況危機是共業，也非獨您一人在承受。

這就告訴我們：面對此次危機，不要失望，更不要絕望。對重興世界經濟要有信心，要發大願，要有深行。而對困境要堅忍，這是在消業。克服困難，要有勇氣。財富少了沒有關係，知足常樂，改掉過分透支、高消費的壞習慣，樂道安貧，貧不失道，這是在惜福，也是在積福。

這次金融危機、經濟危機的蔓延，造成許多人破產、失業，出現了許多的社會問題，包括人的心理、精神問題。這需要我們發揚佛教慈悲濟世的精神、發揚團結互助的精神。要本著「人溺己溺，不為自己求安樂，但願眾生得離苦」，「無緣大慈、同體大悲」的精神，扶貧救困，在物質上、精神上，予落水者一臂之力，予落崖者一根之繩。

這是我們度人的好時機，是弘法利生的好時機。只要我們充分利用了這個好時機，那麼，我們不僅協助世界救度了經濟，也幫助社會救度了人心，這真是做了功又積了德啊。

我在前面說了，金融危機、經濟危機歸根到底是道德危機、信仰危機、人心危機，乃人生觀顛倒。人們不能理智地對待金融危機、經濟危機，緣於對世界、人類本質認識的不正確，乃世界觀錯誤。其次，才是經濟理論的不科學與經濟管理的失策。

因此，要恢復金融、振興經濟，除了糾正經濟理論的錯誤與經濟管理的失策之外，真正要做的長遠功夫就是：重建道德，回歸信仰，以此淨化人心，淨化社會，淨化世界。否則，一段時間之後，金融秩序雖然回歸了，經濟繁榮雖然重建了，但危機的隱患還是沒有消除，好景必將不長。道德的缺失，信仰的失落，還必將導致經濟革命重新爆發啊，還必將導致明天的世界再一次嘗到金融危機、經濟危機的苦澀之果啊！

【自古知兵非好戰】

戰爭是矛盾的白熱化，衝突的粗暴化，讓人聯想到貪婪、瘋狂、殘酷、鐵血、慘烈、毀滅，以及英雄與逃兵。

有人說，戰爭是沒有解決辦法時的最好辦法。這是戰爭狂的口號。

也有人說，戰爭是人類最高級的一種行為藝術。這是虐待狂的宣言。

佛教對戰爭是什麼態度？

先看佛陀：佛陀認為戰爭源自貪嗔癡，為了優先權；戰爭沒有勝利者，只有失敗者，所謂勝利者徒增傲慢，所謂失敗者沉溺憂傷；戰勝千人千次，不如戰勝自己一次；戰爭非戰爭所能制止，仇恨非仇恨所能止息；弱者忍了強者而熄戰火，了不起；強者忍弱者而免干戈，更了不起；贏得戰爭，不能贏得和平；贏得和平，恰恰是透過避免戰爭。

佛陀認為：征服不是去傷害，伸張要靠慈悲給予；勝利要來自漂亮的語言，衝突要由漂亮的語言化解。

也因此，佛陀諄諄教誨，身體力行，反對戰爭，調解戰爭，制止戰爭。

再看高僧：數十年前，蘇聯與美國大搞核武競爭，中國福州開元寺有位高僧叫寶松和尚，他認為，如此下去，必將世界大戰，地球毀滅。為了拯救，他捨身自焚，震驚各國，警醒諸邦。相近的時期，越南有位高僧叫廣德和尚，因為南越政府槍殺反政府示威者，他便捨身自焚，以示抗議。

佛陀是解脫者，高僧是超脫者，一般僧人是求脫者，但都脫不了戰爭的影響，古來如此，今天如此。無奈且悲哀的是，有的僧人還被動地成了戰爭的當事人。例如著名的佛教人物：釋道安、鳩摩羅什與釋玄奘。

◀越南廣德和尚自焚

東晉時的苻堅，令大將符丕率十萬精兵，發動襄陽之役，攻入他國，只為得一人半。苻堅說，他用十萬大軍攻取襄陽，所為的就是一個半人……安公（釋道安）算一個完人，史學家習鑿齒算半人。歷史上有「四海習鑿齒，彌天釋道安」之謂。

又是這苻堅，聽聞鳩摩羅什深具才德，又令大將呂晉光率大軍西征，侵入異邦，終如其願。而東印度迦摩縷波國的鳩摩羅王，為了獲得學成正欲東歸的釋玄奘，幾欲發兵強迎，幸有羯若鞠闍國戒日王的調解，才算圓滿解決。

談到戰爭，不禁想到近來中東的風雲變幻，其臺上臺下者，都如其所在的沙漠，熱火朝天。從過去到現在，西方一些國家又在這火上加油，一而再，再而三地千裏奔襲，於油與火中，揮舞著鐵、揮灑著血。報導說：戰爭開打了。但不知為何開打？為什麼要開打？我不敢想像，難道就是佛陀說的那個原因嗎？是源於什麼的什麼，為了什麼的什麼，或者，就是報導說的那樣：是搶奪石油資源的戰爭，是宗教文明衝突的戰爭。

在這世上，矛盾不可避免。有矛盾就有衝突，但不等於有衝突就必須要戰爭。中國的本土智慧早就說了：自古知兵非好戰。這與來自異國的佛教智慧有著異曲同工之妙啊。

【雨後清溪】

正月初一，下了豪雨。

雨後登山，山清新，石清新，樹清新，草清新，連鳥兒的鳴聲也是清新的。

也許是雨的緣故吧，是時，遠山起了霧，半在山巔，半在山谷。絲縷的陽光透過雲層瀉下，如撒金瓣，紛飛不絕。

順著山之小徑，我走向山巔。而這，須先走下一個小山穀。路成於土，間以若干山石。道旁有山花，有野果。稍遠處，若干大樹擎天，頂似枯乾，透著淒涼與悲壯。

山谷中有一小溪流，細細的，柔柔的，淺淺的，清清的水，豪雨竟然不影響其流量與水質，令我驚奇。

這一溪清流，流得和緩、輕盈、悠閒，偶有野花之瓣漂於其上，也浪漫著飄舞前行。

沿著小溪，至一小水潭，潭水不知深淺，碧綠碧綠的，其一面是高高的岩壁，兩面繞以長滿青苔的亂石，另一面是一小缺口，水流從其出。那岩壁爬著老藤，斑駁陸離地寫滿滄桑。

雖如此，卻不失堅毅，冷靜中透著謙卑。

好奇於小溪流的去處，經過約四十分鐘的追蹤探尋，我找到了出水口：那是一條稍大的河流。這河流兩岸擠滿汙沙濁泥，汙濁的水中長著一些水草。那水草或枯黃或青嫩，隨水隨風，飄飄蕩蕩，左左右右，上上下下的，給人不自主、輕狂，甚至沒有骨氣的感覺。

眼見如此，我有些失望，心口堵得慌。我想，我需要感受、希望感受、喜歡感受的景象應是小溪流那樣的。於是，我毫不猶豫地從稍大的河流岸邊決然回頭，返回小溪流的源頭。我相信，那才是我的極致之戀與終極嚮往。

【夢與夢中事】

人生奇異，莫過於夢中，莫過於夢中的童話、故事、傳說，以及夢中之夢。

夜來無事，習帖時餘。接著，紫袍玉茶盆上，以魚化龍的茶壺沖泡了杯峨嵋峰上的綠茶，悠然品之，獨享其香幽遠。不知不覺中，差點睡著。我在想，剛才，如我於這龍椅上睡著了，是否會如古代讀書人一樣，也做出個南柯一夢或黃粱一夢來？

南柯一夢屬黃粱，一夢黃粱飯未嘗。

人生一夢，當無疑義。關鍵的是，什麼夢，誰在夢，何時醒。

我們看京劇，戲演得多好，那舞臺多炫燦，戲多感人。但當演員一下臺，我們多失落，演員一卸裝，我們才初醒或甦醒。只可惜，待我們醒時，已看過半臺戲甚至一臺戲了，已花去半臺戲甚至一臺戲的時間了。

曾經陪一位國際友人到北京虎坊橋一帶的一個劇場看京劇，末了，我提議他上臺與閉幕後在臺上的演員們合照幾張，作為留念，他死活不肯，說：「戲演完了就完了，何必還……」

當時我未有領悟，還覺這老頭有點怪，今之思來，覺得他確有境界。

佛教典籍中有提到許多夢中事。但無論何種，最終的結局只有兩個：幻與醒。名利財色是夢幻的結合，地水火風是夢幻的結合，受想行識是夢幻的結合，因為皆無常、皆虛妄。悟其結論：是毀滅，是空無；是該警醒，是該覺醒。

自小以來，喜歡文字，也因此，較早接觸到名著《紅樓夢》。當時有一點困惑，鑽了牛角尖，一直探究作者為何要取書名為「紅樓夢」，為何不是「黑樓夢」或「黃樓夢」或「綠樓夢」之類。而今，歷經人生凝煉，對此，才似有所悟，可惜，似已晚了，還好，確定不是太晚。

有人說，夢及夢中事，雖是虛妄，應該覺醒，但人生如果沒有夢，沒有夢中的故事、傳說、童話，那生活是何等的乏味與無趣啊。我在想，說這話的人，情有可原，我理解他，因為，他本來就是夢中人嘛。

【福從儉中來】

中國古字很有意思。

福字拆解開看，一口人，有衣，有田。有田就有食。衣食無憂當然有福了。

儉字拆解開看，一個屋簷下，兩口人。這寓示著，儉不僅是個人要持守的，更是家庭要為之的。

我們常說：溫良恭儉讓，躬行節儉，省吃儉用，勤儉持家，勤工儉學，乃至儉者心常富。這些都是中華民族的好傳統。

佛教中有詞曰：福報、福德、福慧。福從何處來？從惜福中。這惜福，就是儉。

祖師大德都持儉，更教誨僧俗如此。

新昌大佛寺惠明禪師曾經屢將隔壁財主陳三百家吃剩倒掉之

飯，洗淨集起。三年間，囤積滿滿數缸。一年，天旱又澇，再加蟲害等天災，陳家三百多畝良田顆粒無收，一家饑餓難當，討飯到大佛寺，惠明禪師從缸中取米煮予他用，陳三百很感激。禪師說：「你吃自家飯，感激什麼？」當陳三百弄清來龍去脈後，慚愧難當，這才深知儉的重要與深意啊。

我們很多出家人用餐時，粒米落在桌上，都要撿起食之。餐畢，清水洗缽，飲之。這些，為的就是儉而不浪費。

儉的反面是奢。

現在，很多人追求奢侈品，追求高消費，大吃大喝大玩大樂，沉於欲，趨向了貪。有報導說，某酒店客房一晚要上萬元；一桌餐要數萬元；某類茶一斤要數萬元；一個名牌包要數十萬元；一件衣服要上百萬元；一對手錶要數千萬元。

儉的目的或本質是為了道。奢沒有必要，甚至有可能因此失道。因此，我們要克儉克勤，戒奢以儉，儉以養廉，儉以養德，樂道安儉。

【單掌之聲】

在這世界上，我們聽慣了掌聲。

掌聲是由雙手合擊發出的。

我們演講，希冀掌聲。我們跳高，希冀掌聲。我們完成一幅書法作品，希冀掌聲。

掌聲，給了我們希望、鼓勵、榮譽、肯定、讚歎、尊嚴。

當然也有鼓倒掌的。這是例外。

一旦我們的生活、事業缺了掌聲，或掌聲不熱烈，我們會感覺缺了什麼，或感覺哪裡出了問題。甚至失望、沮喪、洩氣、苦惱，失了勇氣，少了信心。

其實，在佛門，掌聲不算什麼。有也平常，無也平常，重要的是要看：因是否純正，過程是否正確，得的是否正果。有些事沒有一點掌聲，但善果串串。另有些事，雖掌聲如雷，卻惡果累累。當年，希特勒、墨索裏尼、東條英機當紅時，掌聲就夠多，但結果怎樣？

讚歎：單掌之聲。

有人說，單掌無聲。那是他沒有認真去聽，或者說，他沒有悟性——耳聾了，可以用心去聽啊。

當年，南利禪師求默雷禪師教他禪道。默雷說他年紀太小，不肯教他。但南利禪師苦苦請求，於是——

默雷禪師說：「你可以聽到雙掌合擊的聲音，現在，我要你聽到單掌的聲音，然後告訴我單掌之聲如何。」

南利禪師自此於禪堂天天參、月月參，想參明白單掌之聲如何。期間，他想到如琴聲，如滴水聲，如風聲，如蟬聲，甚至如貓頭鷹叫聲。但這些是單掌之聲嗎？

在日本，白隱慧鶴禪師將「單掌之聲」妙用為有名的公案：「雙手互拍會有聲音，一隻手會有什麼聲音？」其實，單掌之聲也只是禪家的方便法門，禪何來聲？何用聲？何用掌？無論掌一或二。

佛教的結論是：禪，不立文字；禪，言語道斷；禪是無聲；禪是無聲勝有聲。正如老子所說：「大音希聲，大象無形。」若謂有聲，便是心聲。

為此，學禪者何須希冀雙掌之聲處處，應緣成單掌之聲才好啊。如有心掌之聲，就更佳了。有道是：一默才如雷啊。

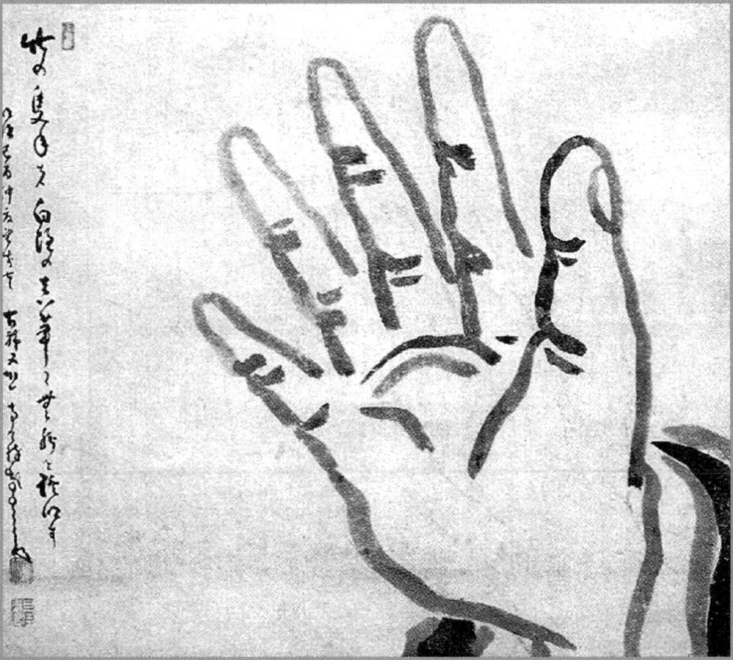

◀白隱禪師所繪「隻手之聲」

【方圓哲學】

方，方方正正，穩穩重重，稜角分明，給人公義、正直、是非分明，威武不能屈、富貴不能淫、貧賤不能移的感覺。

圓，圓圓融融，給人不折騰、不添亂、息矛盾、止爭端、生祥和的印象。

在佛教，我想，這方，可用一詞形容，即不變。那圓，可用另一詞形容，即隨緣。不變，是本體、本質。隨緣，是事相、現象。因此，「方」決定了事物的內在不變性；「圓」體現事物的外在隨緣性。方是根本，圓是枝末。方要堅守，圓可調適。有句話「隨緣不變，不變隨緣」，此話是對方圓寓意的最好注釋了。我謂之方圓哲學。

於此，方是原則，圓是靈活。我們要有原則，也要靈活，但靈活不能過了頭。要靈活，更要有原則，但不能原則到機械。靈活過頭便是沒有原則，是違背事物本具的規律，會亂，會出事。機械過頭便是僵化，缺乏了主觀能動性，也違背了事物運動、變異、進化的規律，會落後，會衰亡。

知此方圓道理，透徹了其啟示的哲學，就明瞭佛教不變與隨緣的教義，便知道了如何在現實生活中把握好學業、事業、愛情、親情、個人、集體、家庭、國家、理想、信仰等等相互之間的關係尺度。

這不正是我們追隨佛陀腳步所希望踩出留下的人生印跡嗎？

【沒時間辛苦】

世界因緣，所以人生無常。

人生無常，有生，必有老病死。

既有老病死，人生就很急迫。

人生急迫了，怎麼辦？

怎麼辦？努力精進，忘卻辛苦，緊抓住人生，緊守住人生，讓老病死無法靠近你，無法抓走你。

中午經常有信徒看見我，就問我：「師父，您中午不休息啊，好辛苦啊。」也有信徒知道我晚上皆草寫小文章，就問我：「師父，您經常熬夜啊，好辛苦啊。」我雖含含糊糊回答他們，但心裡明白：是呀，哪還有時間午睡？哪有時間讓我不熬夜？

有時候，也有信徒問我：「師父，為什麼您每天出入都提著一個香袋呢？好像永遠有忙不完的事情，可真辛苦了。」是啊，出家人本該時時無事，豈可這麼放不下？可是，一旦想到人生急迫，我就不能不隨時帶上我的香袋，有了香袋，起碼裡面可以裝本書，裝本筆記本，隨時可看，隨時可寫呀。

記得，禪宗中有個公案：

大智禪師問佛光禪師：「老師，這些年可好？」

佛光禪師答：「講經、寫經、讀書、寫書，很好很好。」

大智禪師關心道：「老師，您這麼辛苦啊！要多休息啊。」

佛光禪師回之：「好好，您去休息吧。」

次日清晨，大智禪師於沉沉夢中，就被佛光禪師的誦經聲驚醒。當日，只見佛光禪師又坐禪，又念佛，又開示，又接待徒眾，又料理寺務，忙得不亦樂乎。

因此，大智禪師感到很奇怪，想：這老禪師年紀這麼大了，又這麼辛苦，怎就不老呢？於是，他就問：「老師，這幾十年來，你這麼超負荷忙著，怎就不老呢？」

佛光禪師笑了：「我沒時間老呀。」

是呀，人生苦短，無常迅速，時間已要辛苦你、老你，我們哪還有時間自辛苦、自老呀？

如果那樣，不是我們自己為自己的老病死推波助瀾了嗎？

我們雖不敢與佛光禪師相提並論說什麼「沒時間老」，但總應由此舉一反一：沒時間辛苦吧。

【每日三問】

我喜歡每日三問自己：

「今天，我是否犯錯？今天，我是否空過？今天，我是否進步？」

為何要提：是否犯錯？

我們每天由於舊業所感，新緣所致，有意無意地不斷犯錯。犯錯是必然的、一定的，關鍵問題是：犯多犯少，犯重或犯輕。如果能每日自問，自我檢視，就能自知，就能自警，就有益於下一天的防非止惡，有益於下一天的少犯錯，少犯重錯。

為何要提：是否空過？

我們每天只有二十四小時，過一小時，人生就少了一小時。時間過去了，就不重來。晚課誦道：「是日已過，命亦隨減。」其表達的就是：對生命短暫且易於消失的危機感。因此，佛經說：「人生難得。」難得的人生，我們豈能不予珍惜？因此，我們要自問：每天，我們都做了些什麼，是否做得有意義，是否空過了。

▲ 百丈懷海禪師（左一坐者）與弟子

百丈懷海禪師提倡：「一日不作，一日不食。」當他垂垂衰老時，他還是每天勞作，不止不息。弟子們不忍心於此，便把懷海的勞作工具藏起來，要他休息。於是，懷海不吃不喝，絕食抗議弟子們的好心，他說：「我懷海是無德的勞人，再不勞動，豈不成了廢人？」沒辦法，弟子們也只能隨他去。後來，「一日不作、一日不食」的家風流傳於天下，佛門四眾同欽。

為何要提：是否進步？

我們每天已懺悔過，反省空過，但是否進步？進步是實際的效果，這很重要。悔過了，沒空過了，但沒有進步，這豈不遺憾？我們學習，我們工作，我們生活，我們修證，除了享受過程之外，還需實效——即提升。如果沒有提升，實際上也是一種變相的空過與變相的犯錯。因此，我們需要精進，更要進步。

每日的三問，定會讓我們每日更加趨向佛道，更加趨向彼岸，更加光明於未來。

【我是禪花一朵】

近日，主法福州開元寺水陸空法會。

法會現場，各色鮮花點綴諸壇，很是莊嚴與善美。人人見之，心生歡喜。

從鮮花，我想到禪花。

正如胡蘭成一語點破——禪是一朵花。

禪的起源多唯美啊。佛陀拈花，迦葉微笑。

這讓我想起花的微笑，微笑的花。

唯美是花的一面，也是禪的一面。

禪花的另一面雖也唯美，卻是令人感傷的了。

諸壇之外，竹簍子裡往往橫臥或豎臥著一些枯花。花枯了，就被扔進竹簍，等待的命運便是被拋棄，只是有的拋得文明，有的拋得野蠻。

看枯花，誰會想到枯的它曾經來自花蕾，曾經芬芳四溢，引得讚美連連？

◀佛陀拈花

「江國春風吹不起，鷓鴣啼在深花裡。」雪竇禪師如是說。這是悲？還是喜？其時的深花，而今又在哪裡？原來，枯花便是其歸宿與結局。

昔日泰寧慶雲寺，寺前寺後的自然山野，異草奇花從不通知我們，便悄然競相綻放。走過它們之間，我也想做禪花一朵，一如它們，開得那麼奔放，那麼灑脫，那麼坦誠，那麼至真，甚至那麼肆無忌憚，那麼不顧一切，不問有無觀眾，不計有無雨露，不究何時飄落，甚至無意知曉落花成泥後，會被什麼踐踏？會被栽上什麼？未來是輪回成花？還是輪回成樹？

一花一世界，一葉一如來。

禪花處處，那麼，這個時空中有多少世界？

在這多少世界中，我們會是禪花處處中的哪一朵？

我願是那一朵：幽香山中，人跡絕至，歸雲落影，開謝自知。

國家圖書館出版品預行編目(CIP)資料

驀然回首,看見本性了嗎? /禪和尚本性著. --初版.--
[高雄市]:上趣創意延展,2017.04
面； 公分.--(開心見本性系列；03)
ISBN 978-986-91880-2-9(平裝)

1.佛教修持

225.87 106003833

【開心見本性】系列 02

驀然回首，看見本性了嗎？

作　　者: 禪和尚 本性
總 策 劃: 佛圖網（www.photobuddha.net）
美術編輯: 上趣智業（www.summit.cc）
張毅
總 編 輯: 王存立
藝術總監: 宓雄
發 行 人: 李宜君
出　　版: 上趣創意延展有限公司
地　　址:（80457）高雄市鼓山區中華一路316-2號6樓
電　　話:（07）3492256
網　　址: www.summit.cc
郵撥帳號: 42321918上趣創意延展有限公司
經 銷 商: 紅螞蟻圖書有限公司
地　　址:（114）台北市內湖區舊宗路二段121巷19號
電　　話:（02）2795-3656
傳　　真:（02）2795-4100
印　　刷: 成陽印刷股份有限公司
出版日期: 2017年4月初版一刷
定　　價: 200元
ISBN: 978-986-91880-2-9